O INVESTIMENTO
PERFEITO

O INVESTIMENTO PERFEITO

Como investir em qualquer cenário econômico com segurança

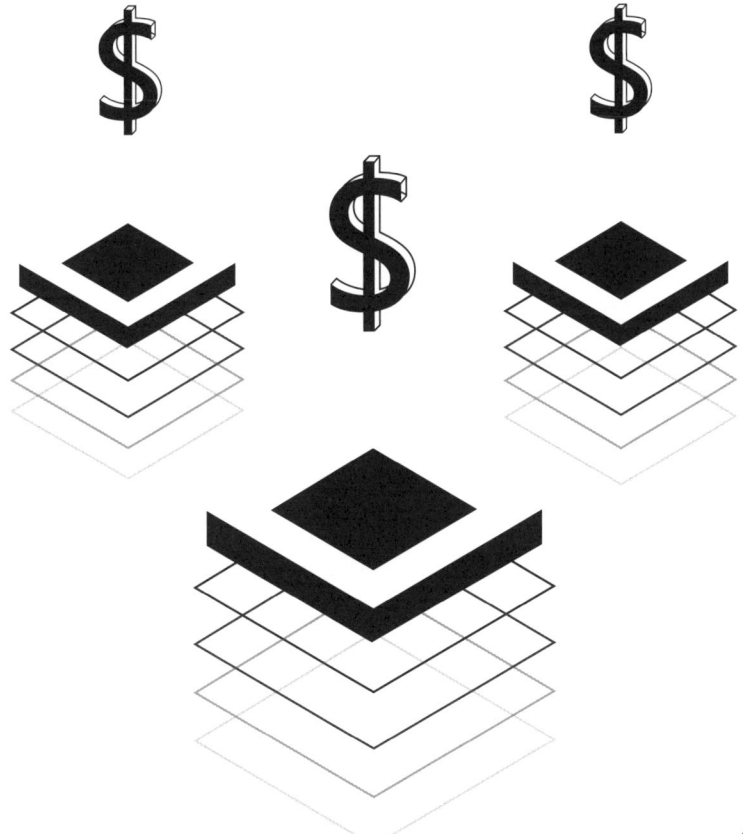

André Bona

Especialista em Alocação de Investimentos

ALTA BOOKS
E D I T O R A
Rio de Janeiro, 2021

O Investimento Perfeito

Dados Internacionais de Catalogação na Publicação (CIP) de acordo com ISBD

B697i   Bona, André

O Investimento Perfeito: como investir em qualquer cenário econômico com segurança / André Bona - Rio de Janeiro : Alta Books, 2021.
256 p. ; 16cm x 23cm.

Inclui índice.
ISBN: 978-65-5520-315-8

1. Economia. 2. Investimento. 1. Título.

2021-1730

CDD 330
CDU 33

Elaborado por Vagner Rodolfo da Silva - CRB-8/9410

Produção Editorial
Editora Alta Books

Gerência Comercial
Daniele Fonseca

Editor de Aquisição
José Rugeri
acquisition@altabooks.com.br

Diretor Editorial
Anderson Vieira

Coordenação Financeira
Solange Souza

Produtores Editoriais
Ian Verçosa
Illysabelle Trajano
Larissa Lima
Maria de Lourdes Borges
Paulo Gomes
Thiê Alves
Thales Silva

Equipe Comercial
Alessandra Moreno
Daiana Costa
Fillipe Amorim
Kaique Luiz
Tairone Oliveira
Thiago Brito
Vagner Fernandes
Victor Hugo Morais
Viviane Paiva

Equipe Ass. Editorial
Brenda Rodrigues
Caroline David
Luana Goulart
Marcelli Ferreira
Mariana Portugal
Raquel Porto

Marketing Editorial
Livia Carvalho
Gabriela Carvalho
marketing@altabooks.com.br

Atuaram na edição desta obra:

Revisão Gramatical
Alessandro Thomé
Raquel Escobar

Capa
Marcelli Ferreira

Diagramação
Heric Dehon

 Ouvidoria: ouvidoria@altabooks.com.br

Editora afiliada à:

 ALTA BOOKS EDITORA

Rua Viúva Cláudio, 291 — Bairro Industrial do Jacaré
CEP: 20.970-031 — Rio de Janeiro (RJ)
Tels.: (21) 3278-8069 / 3278-8419
www.altabooks.com.br — altabooks@altabooks.com.br
www.facebook.com/altabooks — www.instagram.com/altabooks

SOBRE O AUTOR

André Bona é educador financeiro desde 2010. Iniciou sua atuação profissional no mercado financeiro em 2009, em Vitória — ES, sua cidade natal, como agente autônomo de investimento.

Em 2011, criou um dos primeiros sites brasileiros dedicado a falar de finanças e investimentos: andrebona.com.br. Em 2013, iniciou um canal no YouTube com o mesmo propósito, também sendo um dos pioneiros.

Atualmente, é professor convidado da disciplina de Alocação de Ativos do curso de pós-graduação em Finanças, Investimentos e Banking da PUCRS, faz parte do time de educação financeira do BTG Pactual digital — plataforma de investimentos do maior banco de investimento da América Latina — e também da Exame Academy, a plataforma de educação digital do portal Exame. Além de palestrar, produz conteúdo educacional gratuito em suas diversas mídias sociais e administra sua empresa, a AB Educação Digital.

É bacharel em Turismo pela Universidade de Vila Velha — ES desde 1998 e tem MBA em Gestão Empresarial desde 2001. Iniciou os estudos sobre mercado financeiro com o intuito de resolver suas necessidades pessoais, como normalmente acontece com qualquer pessoa, e, por ter se apaixonado pelo tema, decidiu atuar profissionalmente no segmento.

Com experiência na área de educação em outros segmentos, nos quais coordenou cursos, ministrou aulas e treinamentos corporativos, a educação financeira se tornou um caminho natural.

Baseado em sua própria trajetória, Bona defende que não é necessário ser um Ph.D. em Economia para tomar excelentes decisões financeiras no dia a dia e que esse conhecimento pode ser desenvolvido por qualquer um, independentemente da área de formação ou de atuação, bastando dedicação ao aprendizado.

DEDICATÓRIA

Este livro é dedicado a todas as pessoas que querem desenvolver suas habilidades financeiras para que estas as auxiliem em sua jornada de autoconhecimento, proporcionando mais autonomia e qualidade de vida.

AGRADECIMENTOS

Gostaria de agradecer a todos meus colegas de trabalho, parceiros e conhecidos do mercado financeiro com quem tive a oportunidade de conversar e trocar preciosas informações ao longo desses dez anos. São tantas pessoas com tantas contribuições significativas e insights maravilhosos, que seria impossível nomear todas.

Quero agradecer também a meus queridos alunos do curso "O Investimento Perfeito", que confiaram no método inovador que apresentei inicialmente em 2015. Eles hoje não apenas colhem os frutos dos resultados e sonhos alcançados, mas também desfrutam de tranquilidade e serenidade para a tomada de decisão, inclusive durante períodos turbulentos.

Agradeço também às centenas de investidores que, por meio de minha assessoria de investimentos ou da assessoria de minha equipe (de 2009 a 2018), utilizaram os conceitos que apresento neste livro e também puderam usufruir da tranquilidade e simplicidade que tais conceitos oferecem para uma tomada de decisão consistente e consciente.

Por fim, agradeço aos meus pais, Luis Carlos e Maria, não apenas pelo apoio irrestrito de sempre, mas por me levarem à paixão pela educação que hoje tanto me satisfaz profissionalmente. Agradeço à minha irmã, Daniela, que também é uma colega do mercado financeiro e sempre demonstrou motivação para conversar sobre o tema, tanto em questões práticas quanto conceituais. E agradeço especialmente à minha mulher, Luisa, pela doçura e pelo companheirismo a cada novo desafio que se apresenta.

SUMÁRIO

PREFÁCIO

Vivemos tempos de glória para a educação financeira no Brasil. Em menos de duas décadas, vimos o mercado financeiro tornar seus melhores produtos e serviços acessíveis para qualquer pessoa por meio da popularização das corretoras, dos investimentos por aplicativos e do nascimento de incontáveis fintechs que atendem a necessidades de nichos de serviços financeiros cada vez mais específicos.

As condições de mercado favorecem o aprendizado sobre investimentos. Para atender a públicos cada vez mais exigentes, diariamente surgem produtos financeiros e formas mais eficientes de investir, trazendo novas oportunidades tanto para investidores experientes quanto para amadores. Regras mudam para que as diversas instituições se mantenham competitivas. Isso fica evidente ao compararmos as alíquotas de CDBs disponibilizadas a investidores, as taxas cobradas por corretoras e pela bolsa e as taxas de administração de fundos. As oportunidades mudam na velocidade das mudanças do mercado.

Para acompanhar essa transformação, o conhecimento e o autoaprendizado são fundamentais. Em um mercado com tantas oportunidades, é inevitável que tenham surgido também centenas de educadores, influenciadores, especialistas, consultores, assessores, coaches e palpitadores financeiros, visando educar, mas também aproveitar um valioso mercado de consumidores sedentos por informação e conhecimento.

Educação financeira está na moda. Por isso, muitas vezes é um assunto consumido sem muito critério pelo público, e por ser consumido sem critério, também é largamente produzido por pessoas sem experiência ou estudo no assunto. Com isso, o risco de desinformação e orientação equivocada é grande. Com isso, novos investidores, sem experiência para discernir a boa da má orientação, caem em armadilhas que os levarão a perdas financeiras e à perda de eficiência em seu planejamento pessoal.

Acredito que esse problema perdurará por alguns anos, pois estamos em uma fase de transição. Apenas em 2020 a educação financeira se tornou disciplina obrigatória em todas as escolas, ao passar a fazer parte da Base Nacional Comum Curricular (BNCC) do Ministério da Educação do Brasil. No momento em que estamos, adultos buscam conhecimento sobre um tema que não estudaram na escola. Não têm referências teóricas e técnicas sobre o assunto. Os jovens de hoje serão mais criteriosos ao buscar suas fontes dentro de alguns anos, e então chegará o momento em que a educação financeira deixará de ser moda para, enfim, tornar-se apenas uma boa prática cotidiana em todas as famílias.

Nesse cenário de transição que vivemos, é importante sermos criteriosos na pesquisa de nossas fontes. Devemos cuidar de fazer uma separação entre orientação e publicidade, entretenimento e educação, dicas e estratégias. Não é fácil, mas a abordagem técnica dos profissionais em aulas e materiais didáticos é uma boa referência sobre a qualidade do trabalho destes.

Eu estudo o tema há 22 anos, publiquei mais de uma dezena de livros sobre o assunto, escrevi milhares de artigos em jornais, revistas, blogs e colunas de rádio e acompanhei toda a transformação da educação financeira do zero à presença universal dentro dessas duas décadas. Raros são os que efetivamente se debruçam sobre o tema para apresentar ao público um conteúdo de qualidade, preocupado com a correção, com foco consultivo na necessidade do usuário final, cientes das armadilhas do mercado e dos riscos envolvidos na inexperiência de quem se depara com novidades do mercado financeiro pela primeira vez.

Nesse mar de insegurança, é reconfortante ver o trabalho sério e maduro de André Bona, uma ilha de segurança quando se trata de orientação para investimentos. Apesar de sua formação principal não ser em mercado financeiro, o trabalho de André tem sido, na última década, de esmiuçar regras, regulamentos, prospectos e cartilhas para identificar riscos e oportunidades nas entrelinhas e oferecer a seus alunos e seguidores uma orientação cirúrgica sobre as melhores oportunidades. Tamanha dedicação com exclusividade faz dele um expert na área. Seu foco está sempre na necessidade do cliente, e nunca na de quem vende os produtos e serviços financeiros.

Diante dessa solidez de caráter e de sua competência, temos um relacionamento rico de trocas de bastidores que reafirmam a impressão pública de seriedade passada pelo trabalho de André. Esse relacionamento me fez ter a oportunidade de ler em primeira mão o manuscrito deste livro, que nasce agora para coroar um trabalho que já é referência nos meios digitais. É um material didático e de qualidade, que deve ser lido como um manual, acompanhado de anotações e listas de iniciativas a serem colocadas em prática e que seguramente trará melhorias e ajustes interessantes à carteira de investimentos do leitor.

Parabenizo meu amigo André pela obra cuidadosa e completa, assim como parabenizo o leitor por ter se dado a oportunidade de estar com essa valiosa leitura em mãos. Se você já ouviu falar que o conhecimento transforma, agora tem em mãos uma prova tangível disso. Leia com dedicação, porque este livro seguramente vale muito mais do que você investiu na aquisição dele.

Gustavo Cerbasi
@gustavocerbasi no Instagram
Consultor financeiro

INTRODUÇÃO

SOBRE ESTE LIVRO

Este livro foi preparado para responder às dúvidas de todas as pessoas que conseguem poupar dinheiro e precisam tomar decisões de investimentos de maneira segura e autônoma, com simplicidade, praticidade e clareza, utilizando um método focado na individualidade de cada investidor a fim de levá-lo a realizar seus objetivos de vida.

O leitor terá a oportunidade de nivelar seus conhecimentos, aprendendo de maneira didática e objetiva os detalhes e conceitos dos principais produtos disponíveis no mercado financeiro e suas características, para, posteriormente, aprender a escolhê-los, o que é o grande desafio diante das múltiplas opções, que incluem startups, plataformas de investimentos e os próprios bancos tradicionais.

Com os conhecimentos aqui adquiridos, o leitor poderá aprender e utilizar um método que será útil para a tomada de decisão de investimento, independente do cenário econômico e político, não sendo necessário acompanhar a avalanche de informações diárias que são produzidas e distribuídas sobre os temas econômicos.

Se o leitor for um profissional do mercado financeiro que lida com investidores pessoa física, poderá também aprender um método de alocação que pode ser utilizado com seus clientes a fim de lhes trazer conforto e consciência sobre cada etapa do processo.

Em suma, este livro não mostrará uma visão pontual sobre como encontrar um ou outro investimento que pode ser rentável no próximo ano; ele irá muito além disso: permitirá ao leitor desenvolver a consciência da escolha de cada tipo de investimento dentro de uma visão estratégica de montagem de carteira, ou seja, do conjunto de investimentos que deve ter, que nada mais é do que a chamada alocação de investimentos.

O método ensinado aqui é inovador e rompe com as premissas da Teoria Moderna de Portfólios, adotando uma abordagem diferenciada, inspirada no método Goal-Based Investing (GBI).

O livro é recomendado para investidores com todos os níveis de patrimônio e experiência (inclusive iniciantes), profissionais da área, acadêmicos e estudantes.

COMO ESTE LIVRO ESTÁ ORGANIZADO

O livro está divido em duas partes, conforme descrito a seguir.

Na Parte I, chamada "Por Dentro dos Investimentos", são explicados os principais investimentos disponíveis no mercado financeiro, que são suficientes para que um investidor monte sua carteira de investimentos. Nessa parte, são apresentadas as características dos investimentos de renda fixa, renda variável (ações), fundos de investimento e previdência privada.

Na Parte II, chamada "Em Busca do Investimento Perfeito", o leitor poderá compreender aspectos comportamentais que afetam a tomada de decisão e a importância de ter um método de investimento que elimine as falsas percepções. O leitor aprenderá também um método detalhado de como escolher, dentre as opções do mercado, os investimentos que são mais adequados para as necessidades pessoais de maneira individualizada, em qualquer cenário econômico e em qualquer fase da vida, de maneira simples, prática e consciente.

Não é possível aprender a escolher investimentos sem os conhecer, por isso, o conteúdo da Parte I é um pré-requisito para o conteúdo da Parte II e foi inserido no livro justamente para permitir que qualquer investidor, mesmo que iniciante, consiga concluir a leitura com a possibilidade de construir seu mapa de decisão.

Boa leitura e bons investimentos!

PARTE I

Por dentro dos investimentos

Capítulo I

RENDA FIXA

INTRODUÇÃO À RENDA FIXA

Se você já juntou dinheiro alguma vez na vida e fez algum tipo de aplicação financeira — mesmo que não tenha nenhum tipo de conhecimento —, possivelmente já investiu em renda fixa.

A renda fixa é a maneira mais conhecida de investimento, mas ela tem algumas características que você precisa compreender com maior clareza.

Primeiramente, é importante entender por que um grupo de investimentos financeiros é chamado de renda fixa. A resposta é muito simples: porque são investimentos em que o investidor já sabe, no momento da aplicação, quanto receberá ao fim de um período.

Existe outro tipo de investimento, chamado de renda variável, e embora esse não seja o momento de tratar dele em detalhes, é fácil de deduzir que, ao contrário do investimento em renda fixa, neste caso, o investidor não sabe quanto receberá ao fim, podendo, inclusive, ter prejuízos.

Sendo assim, o primeiro passo para compreender um investimento de renda fixa é saber também o que não é um investimento de renda fixa.

Renda fixa: investimentos em que o investidor já sabe, no momento da aplicação, qual será sua rentabilidade.

Renda variável: investimentos em que o investidor não sabe, no momento da aplicação, qual será sua rentabilidade, podendo, inclusive, ser negativa.

A Figura 1 apresenta o fluxo financeiro de um investimento de renda fixa:

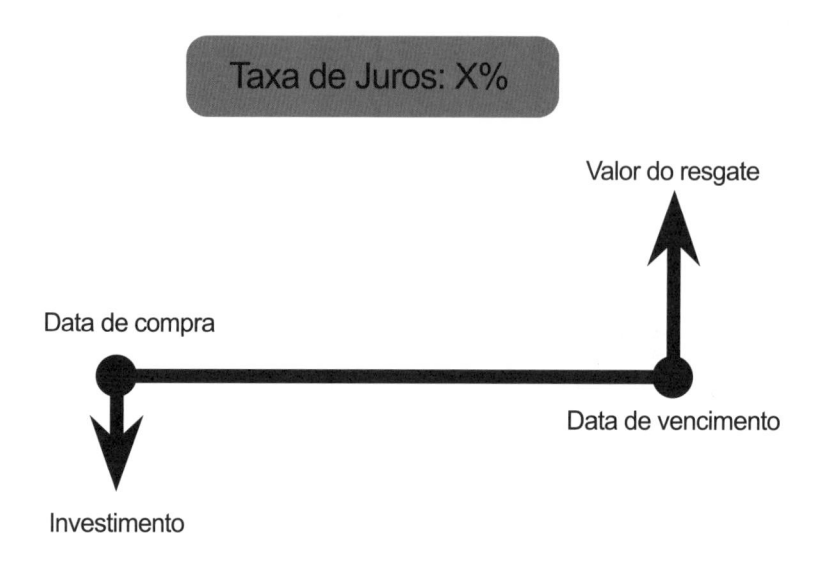

Figura 1: A renda fixa é um empréstimo.

Costuma-se dizer que, quando você faz um investimento de renda fixa, você comprou um "título" de renda fixa. Um título de renda fixa nada mais é do que um título de obrigação, ou seja, um título de crédito, de dívida que alguém tem com você a partir de seu investimento.

Para simplificar esse entendimento, pense que você tem um parente que lhe pede um empréstimo de R$10 mil, com o compromisso de pagar R$11 mil depois de um ano. Para que você tenha alguma garantia, ele oferece um cheque emitido por ele com data de um ano adiante, com o valor de R$11 mil.

Neste exemplo, o título da dívida é o cheque, o valor da sua aplicação é de R$10 mil, o valor do resgate é de R$11 mil, a taxa é de 10% ao ano, o prazo do título é de um ano, e seu parente é o "emissor" do título de dívida. Esse empréstimo que você fez ao seu parente nada mais é do que uma aplicação de renda fixa.

Porém, devemos ter em mente que fazer aplicações financeiras dessa maneira, emprestando dinheiro para particulares sem conhecer exatamente as condições financeiras do "tomador" do empréstimo, pode ser demasiadamente arriscado, e é justamente por isso que tais operações são feitas pelo sistema financeiro via instituições financeiras, para aproximar os poupadores — indivíduos e empresas que têm recursos excedentes — dos tomadores de crédito — indivíduos e empresas que têm necessidades de empréstimos — dentro de um ambiente regulado e, portanto, mais seguro.

Então, quando um investidor opta por fazer um investimento de renda fixa, ele está comprando a dívida de um dos três tipos de emissores:

Governo Federal: é quando um investidor compra títulos da dívida pública com a promessa de recebimento futuro do valor aplicado acrescido de uma remuneração. O governo, por sua vez, utilizará esses recursos para o financiamento da dívida pública. Chamamos esses títulos de "títulos de emissão pública".

Bancos: é quando um investidor compra títulos bancários com a promessa de recebimento futuro do valor aplicado acrescido de uma remuneração. O banco, por sua vez, poderá utilizar esse dinheiro para emprestar a seus clientes por meio de linhas de crédito de uso livre ou financiamentos diversos, conforme o tipo de título que ele emitir. Chamamos esses títulos de "títulos de emissão bancária".

Empresas: é quando um investidor compra títulos de emissão de empresas com a promessa de recebimento futuro do valor aplicado acrescido de uma remuneração. A empresa, por sua vez, poderá utilizar esse dinheiro de acordo com a finalidade que ela especificou no momento de emissão da dívida. Chamamos esses títulos de "títulos de emissão corporativa".

Nos próximos capítulos, falarei com detalhes sobre as modalidades de títulos de renda fixa de cada um dos três grandes tipos de emissores.

CARACTERÍSTICAS DA RENDA FIXA

Todos os títulos de renda fixa têm:

Data de emissão: é a data de origem de um título, que é a partir de quando se inicia a contagem do tempo e a correção nominal do título. É também normalmente a data da aplicação do investidor — salvo quando se tratar de mercado secundário.[1]

Valor nominal: é o valor unitário ou de face do título.

Juros acruados: é o valor pró-data da remuneração de um título, compreendido entre a data de emissão e a data de momento. É o valor atualizado de um título em andamento.

Remuneração: é a taxa que remunerará o investidor pela aplicação. Como foi mencionado anteriormente, o que faz um título ser classificado como renda fixa é justamente a possibilidade de o investidor saber, no ato da aplicação, qual será sua remuneração, que pode ser prefixada ou pós-fixada.

> **Remuneração prefixada:** o investidor sabe, no momento da aplicação, o montante em dinheiro que receberá ao fim da aplicação, e é expressa em uma taxa definida, por exemplo, 10% ao ano.

> **Remuneração pós-fixada:** o investidor sabe como seu título será remunerado, mas não de maneira exata, pois na remuneração pós-fixada o título é atrelado a algum indicador, como o CDI, IPCA, Selic, TR, IGPM etc.

Data de carência: é a data a partir da qual um título de renda fixa pode ser resgatado nas condições especificadas pelo emissor. Existem títulos, por exemplo, que só podem ser resgatados após de um período mínimo. É exatamente esse o período de carência.

Data de vencimento: é a data em que o "contrato de empréstimo" se encerra e o título de renda fixa é liquidado e pago ao investidor. Existem títulos em que a data de carência é igual à data de vencimento, e, neste caso, o resgate só será possível no vencimento ou se for negociado em mercado secundário. Na data de vencimento, o investidor não precisa pedir resgate. O título é automaticamente liquidado, e o recurso é disponibilizado em sua conta na instituição de investimento que utiliza.

Liquidez: existem títulos de renda fixa com diferentes tipos de liquidez. Existem ativos de renda fixa com liquidez diária e que, portanto, podem ser resgatados a qualquer momento após a aplicação. Existem títulos de renda fixa com prazo de carência para resgates. Existem títulos de renda fixa em que o prazo de carência e

---

1. Mercado secundário de títulos de renda fixa é o mercado em que um investidor adquire um determinado título já em andamento de um outro investidor ou de uma instituição financeira, e não diretamente do emissor do título. É dado o nome de mercado primário quando o título é adquirido direto do emissor.

o prazo de vencimento são iguais e só podem ser transformados em dinheiro na data de vencimento. Existem também alguns títulos de renda fixa que têm fluxos de pagamentos de juros antes do vencimento, e existem, por fim, títulos que, embora não possam ser resgatados antes do prazo, têm liquidez em mercado secundário, permitindo ao investidor convertê-lo em dinheiro antes do vencimento por meio de sua negociação.

Risco: se um título de renda fixa é um empréstimo, qual seria o principal fator de risco? Seria justamente o risco de o emissor do título não honrar com o compromisso de devolver ao investidor o valor principal acrescido da remuneração no prazo combinado. A este tipo de risco chamamos de risco de crédito. O risco de crédito é o principal risco da renda fixa, e, por isso, é importante que o investidor compreenda as garantias oferecidas por cada um dos emissores de títulos.

IMPOSTOS DA RENDA FIXA

A tabela de imposto de renda dos investimentos de renda fixa tem alíquotas que são decrescentes de acordo com o prazo em que o investidor se mantém com o título e **incidem sempre sobre a rentabilidade.**

TABELA 1	
Prazo do investimento	Alíquota do Imposto de Renda
De 0 a 180 dias	22,5%
De 181 a 360 dias	20%
De 361 a 720 dias	17,5%
Acima de 720 dias	15%

O IOF incide sobre os investimentos apenas nos casos de investimentos resgatados até trinta dias após a aplicação. Veja a tabela regressiva da alíquota do IOF de acordo com os dias após a aplicação.

TABELA 2									
Dia	IOF	Dia	IOF	Dia	IOF	Dia	IOF	Dia	IOF
1	96%	7	76%	13	56%	19	36%	25	16%
2	93%	8	73%	14	53%	20	33%	26	13%
3	90%	9	70%	15	50%	21	30%	27	10%
4	86%	10	66%	16	46%	22	26%	28	6%
5	83%	11	63%	17	43%	23	23%	29	3%
6	80%	12	60%	18	40%	24	20%	30	0%

Os impostos sobre renda fixa são retidos pelas instituições financeiras no momento do resgate.

TÍTULOS PÚBLICOS E TESOURO DIRETO

Nas páginas anteriores, expliquei o conceito e as características principais dos investimentos em renda fixa. Observe como os conceitos iniciais facilitarão a sua compreensão a partir de agora.

Se uma aplicação de renda fixa se concretiza quando um investidor empresta dinheiro para algum tomador de recursos, e se os emissores dessa dívida podem ser o governo federal, bancos e as empresas, qual é, então, o conceito de um título público?

Título público: é um título de dívida emitido pelo Governo Federal, que paga aos investidores que o adquirem uma taxa de juros adicionada ao valor principal investido ao fim de um determinado período. Em palavras diretas: investir em títulos públicos é empresar dinheiro para o governo.

Lembre-se também de que falei do fator de risco nos conceitos de renda fixa. Se renda fixa é emprestar dinheiro para alguém, qual é seu risco principal? O tomador do crédito não ter condições de devolver o dinheiro que pegou emprestado. Neste contexto, os títulos públicos são considerados de risco soberano, ou seja, o risco de o próprio país não honrar com sua dívida, e por isso, os títulos públicos são considerados como os de menor nível de risco na renda fixa, justamente por oferecerem a garantia do Governo Federal.

TESOURO DIRETO

Existe um pouco de confusão quando as pessoas falam em investir no Tesouro Direto. Na verdade, o Tesouro Direto[2] não é um título, mas um programa do Tesouro Nacional desenvolvido em parceria com a B3 e lançado em 2002 que permite a pessoas físicas comprar títulos públicos por meio da internet com valores a partir de apenas R$30,00.

Fora do Tesouro Direto, é também possível adquirir títulos públicos entrando em contato com banco ou corretora que mantêm títulos públicos em seu poder para revendê-los ao público. Esse formato de venda normalmente não apresenta a mesma simplicidade e fracionamento das compras via Tesouro Direto.

Outra vantagem de adquirir os títulos pelo Tesouro Direto, e não pela mesa de renda fixa[3] das instituições financeiras, é que, caso o investidor precise se desfazer do título, terá que negociar com a própria instituição que o vendeu e poderá ser penalizado com algum tipo de spread[4] sobre o valor do título. Já nas compras via Tesouro Direto, o próprio tesouro nacional faz a recompra, com preços transparentes e disponíveis na internet a todo momento para todos os investidores. Há também um pequeno spread no Tesouro Direto para que essa liquidez seja possível, mas ela é transparente.

Porém, é importante reforçar que o Tesouro Direto é uma plataforma para pessoa física, e caso você tenha uma empresa e queira adquirir títulos públicos em nome dela, não poderá fazer isso pelo programa, mas apenas pela mesa de renda fixa da instituição.

---

2. https://www.tesourodireto.com.br/conheca/conheca-o-tesouro-direto.htm
3. Setor da instituição financeira encarregada de negociar títulos de renda fixa.
4. Diferença cobrada pelo intermediário financeiro entre o preço de um título no mercado e o preço negociado com o cliente.

Para investir em títulos públicos via Tesouro Direto, o investidor precisa ter o cadastro em uma instituição financeira habilitada no Tesouro Direto. As instituições financeiras habilitadas são chamadas de agentes de custódia.[5] A partir daí, o investidor poderá efetuar suas compras diretamente pela internet, seja pela plataforma do próprio agente de custódia (banco ou corretora), seja pelo site do próprio tesouro.

Uma vez feito o cadastro, o investidor disponibiliza o dinheiro na conta de seu agente de custódia e efetua a compra do título. Posteriormente, o valor será retirado de sua conta, e o título será registrado em seu nome, podendo ser conferido online a qualquer momento, sendo, inclusive, possível acompanhar a evolução de sua rentabilidade.

CUSTOS E LIQUIDEZ NO TESOURO DIRETO

Obviamente, existem custos relacionados ao investimento via plataforma do Tesouro Direto. São dois tipos de custos: (1) taxa da instituição financeira e (2) taxa da B3.

Quanto ao primeiro custo, eles podem variar de acordo com cada instituição, porém, devido à competitividade do mercado financeiro, diversas instituições financeiras zeraram essa taxa para seus clientes, sendo, portanto, fácil encontrar instituições que não cobram nada. No próprio site do Tesouro Direto existe uma lista[6] contendo todas as instituições habilitadas e seus respectivos custos. É importante lembrar que não existe diferença entre investir no Tesouro Direto usando um banco muito grande e conhecido ou usando uma corretora de menor porte, pois o papel da instituição financeira nesse caso é meramente de intermediação. Mesmo que ela venha a quebrar, o título do investidor está registrado em seu próprio nome e estará seguro.

Quanto ao segundo custo (taxa da B3), o valor cobrado é de 0,25% ao ano sobre o valor dos títulos referente aos serviços de guarda dos títulos e movimentações dos saldos. Essa taxa é provisionada diária e proporcionalmente na posição do investidor. A cobrança da taxa ocorre em duas situações: (a) nos chamados eventos de

---

5. https://www.tesourodireto.com.br/conheca/bancos-e-corretoras.htm
6. https://www.tesourodireto.com.br/conheca/bancos-e-corretoras.htm

custódia, que é quando um investidor faz um resgate e ocorre a cobrança proporcional ao período em que ele manteve o investimento; e (b) semestralmente, em janeiro e julho, também de maneira proporcional. Nesse segundo caso, o valor da taxa não é debitado do investimento, mas, sim, da conta do banco ou corretora onde o investidor mantém sua custódia, e, por isso, é necessário que exista saldo para sua liquidação. Ainda sobre a taxa da B3, existe um limite sobre sua cobrança: ela será cobrada no valor de 0,25% ao ano para investidores que tenham até R$5 milhões em títulos comprados via Tesouro Direto por uma mesma instituição financeira. Não existe a cobrança de 0,25% sobre valores excedentes aos R$5 milhões.

As negociações realizadas no Tesouro Direto têm uma excelente liquidez[7] para o investidor. As aplicações são liquidadas no primeiro dia útil seguinte, caso a compra tenha sido feita em dias úteis, e no segundo dia útil seguinte, caso a compra tenha sido feita em fins de semana e feriados. Já os resgates são liquidados nos mesmos prazos. Ou seja, caso você precise do dinheiro devido a uma necessidade urgente, o dinheiro estará em suas mãos em um prazo máximo de até dois dias úteis.

TIPOS DE TÍTULOS NEGOCIADOS NO TESOURO DIRETO

Na introdução à renda fixa, mencionei que a remuneração se divide entre prefixada e pós-fixada. Agora mostrarei como isso se aplica aos títulos negociados no Tesouro Direto.

Títulos Prefixados

Título de Tesouro Prefixado (LTN): ao investir neste título, o investidor já sabe exatamente quanto receberá no fim do prazo. Ele receberá R$1.000,00 (bruto). A rentabilidade se dará entre a diferença do preço de compra do título e seu valor de resgate. O fluxo do Título Tesouro Prefixado é idêntico àquele apresentado na Figura 1.

Título Prefixado com Juros Semestrais (NTN-F): ao investir neste título, o investidor também receberá R$1.000,00 (bruto) ao fim do prazo. Porém, este título tem uma característica diferente: os juros referentes ao título são pagos semestralmente, e,

---

7.   Tempo para que o investidor converta a aplicação em dinheiro disponível.

no vencimento, o investidor recebe o valor principal adicionado dos juros do último semestre. O fluxo do Título Tesouro Prefixado com Juros Semestrais é representado pela Figura 2.

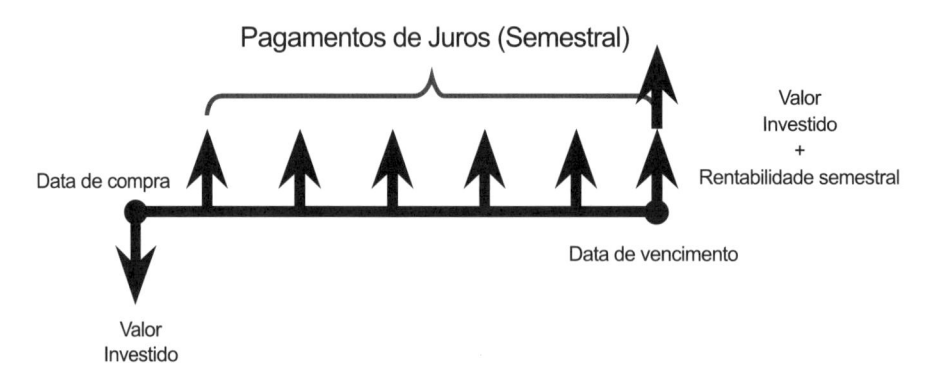

Figura 2

Títulos pós-fixados

Tesouro Selic (LFT): ao investir neste título, o investidor não sabe de imediato quanto receberá no futuro, mas sabe que este título acompanha um indicador que, é a taxa Selic, que é a taxa de juros básica da economia. A taxa Selic é definida pelo Comitê de Política Monetária do Banco Central do Brasil em reuniões periódicas ao longo do ano. Essa taxa é expressa em percentual anual e pode ser verificada no próprio site do Banco Central do Brasil.[8] O fluxo do investimento é o mesmo da Figura 1.

Alguns investidores têm dúvidas comuns sobre a forma como a Selic corrige o título Tesouro Selic. Muitos perguntam se a taxa Selic válida é a do momento da aplicação ou a do momento do resgate, mas não é assim que funciona. Imagine que hoje o Banco Central defina que a taxa Selic é de 6% ao ano. A partir de hoje, existe o cálculo do fator diário da Selic equivalente aos 6% ao ano, e, diariamente, o título Tesouro Selic vai sendo atualizado por esse fator diário. Imagine que daqui a três meses o Banco Central altere a taxa Selic de 6% ao ano para 5,5% ao ano. A partir do dia da alteração, será feito um cálculo do fator diário da taxa equivalente aos

---

8.   https://www.bcb.gov.br/

5,5% ao ano, e este será o novo fator diário de atualização do título Tesouro Selic. Observe, portanto, que o título acompanhará a taxa Selic conforme ela se modifica de maneira proporcional ao período em que a respectiva taxa vigora.

Outra dúvida recorrente é: "Se eu investir no Tesouro Selic com a taxa Selic em determinado patamar e então o Banco Central a reduzir, perderei dinheiro?" A resposta é não. O que ocorre nesse caso é que o título continuará rendendo positivamente, porém, o fator diário será um pouco menor.

Sendo assim, é correto afirmar que o título Tesouro Selic é o título mais conservador disponível no Tesouro Direto, porque ele é atualizado pelo fator diário da taxa Selic e, consequentemente, os juros são acruados proporcionalmente e diariamente ao valor do investimento inicial. Ou seja, ao aplicar no Tesouro Selic, em poucos dias o investimento já será superior ao valor inicial, e caso o investidor necessite vendê-lo a qualquer momento, terá uma rentabilidade positiva. Os demais títulos disponíveis no Tesouro Direto têm uma característica diferente e podem estar sujeitos a riscos de mercado.[9]

Mas esses riscos de mercado podem ser totalmente eliminados se você os compreender e escolher o título certo para sua necessidade. Falarei adiante sobre esse risco de mercado nos títulos do Tesouro Direto. E sobre como escolher os títulos de acordo com sua necessidade, falarei na Parte II do livro, na qual apresentarei um método de escolha de investimentos e de montagem de portfólio a partir de uma abordagem bem diferente das normalmente apresentadas em publicações sobre o tema.

Tesouro IPCA+ (NTN-B Principal): ao investir neste título, o investidor também não sabe exatamente quanto receberá no futuro, mas sabe que este título renderá o equivalente ao IPCA, que é o índice oficial de inflação no Brasil, mais uma taxa fixa anual. A rentabilidade de um título IPCA+ pode ser expressa da seguinte forma: IPCA+ 5% ao ano (taxa ilustrativa). O IPCA é calculado pelo IBGE e é divulgado tanto no site do Banco Central do Brasil como no site do próprio IBGE.[10] O fluxo do investimento é o mesmo da Figura 1.

Alguns investidores têm dúvidas sobre o IPCA, e tratarei disso agora de maneira a esclarecer as mais recorrentes.

---

9.   Risco de oscilação dos preços, podendo, inclusive, acarretar prejuízos.

10.   https://www.ibge.gov.br/

A primeira dúvida é relacionada ao que é o IPCA e como ele é calculado, o que pode ser visto no site do próprio IBGE em link específico.[11] Outra dúvida muito comum é quanto à desconfiança sobre a percepção da inflação pessoal versus a inflação medida pelo IPCA. Neste caso, é correto lembrar que o IPCA se refere a uma cesta de consumo teórica e que cada família tem sua cesta de consumo. Portanto, um casal que não tem filhos não sentirá o impacto dos itens relacionados à educação infantil ou fundamental. Se os integrantes da família que trabalham o fazem de sua própria residência todos os dias, talvez o impacto dos custos de transporte seja nulo. Então, como você pode perceber, o IPCA não é capaz de representar a inflação pessoal de cada uma das famílias com suas configurações específicas e diferentes itens de consumo, mas traz um parâmetro geral.

E por fim, uma percepção que leva algumas pessoas ao erro de julgamento é quando o IPCA cai. Por exemplo: a inflação de 12 meses cai de 4% ao ano para 3% ao ano, e as pessoas se questionam: como pode ter a inflação caído se os preços continuam subindo? Devemos lembrar que inflação em queda não significa que os preços caem, mas que eles sobem em velocidade menor, então é perfeitamente correto que os preços subam e que a inflação caia. Preços em queda não simbolizariam inflação em queda, mas, sim, uma deflação.

Esses questionamentos se mostram pertinentes quando falamos de um investimento que tem o IPCA como indexador, pois a lógica do investidor que escolhe esse tipo de título é justamente se proteger da inflação ao longo do tempo, e se existem dúvidas sobre o próprio IPCA, podem existir dúvidas também sobre se esse indicador realmente garantirá a atualização do poder de compra.

Tesouro IPCA+ com Juros Semestrais (NTN-B): este título tem as mesmas características do Tesouro IPCA+, porém, com o fluxo idêntico ao Título Tesouro Prefixado com Juros Semestrais, expresso na Figura 2. No entanto, apenas a parcela dos juros é paga semestralmente. A parcela do IPCA fica para o vencimento do título, juntamente com o principal aplicado e o último semestre dos juros.

---

11. Https://www.ibge.gov.br/explica/inflacao.php

RISCO DE MERCADO NO TESOURO DIRETO

Mencionei rapidamente a possibilidade de alguns títulos adquiridos no Tesouro Direto terem risco de mercado, e isso é real. Mas com um pouco de entendimento, você será plenamente capaz de acabar com esse risco.

Basicamente, o que ocorre é o seguinte: os títulos prefixados têm um valor de resgate definido de R$1.000,00, e o ganho se dá pela diferença entre o valor de compra e o valor de venda desse título. Se, um ano antes, eu compro esse título com uma taxa de 10% ao ano, ele terá o preço de compra de R$909,09. Dessa forma, eu pagarei R$909,09 no título e o resgatarei um ano depois com 10% de rentabilidade: R$909,09 × 10% = R$90,91; e R$909,09 + R$ 90,91 = R$1.000,00.

Agora imagine a seguinte situação: faltando um ano para o vencimento do título, vou ao Tesouro Direto e faço essa compra a R$909,09 com taxa de 10% em um ano. No dia seguinte, por algum fato imprevisível da economia, ocorre uma forte oscilação na taxa de juros desse título, de maneira que agora ele está sendo negociado com 15% de taxa para um ano. Sabemos que o valor de resgate do título continuará sendo de R$1.000,00 e que, para um investidor obter 15% de taxa, ele terá que comprar o título mais barato do que R$909,09. Então, fazendo a conta, temos que o título com 15% de retorno custará R$869,56, e não mais R$909,09, que foi o preço que paguei no dia anterior. E para piorar a situação, tive um problema grave em minha família e precisarei resgatar o dinheiro um dia depois de aplicá--lo. Acontece que irei ao Tesouro Direto e verei que esse mesmo título que comprei por R$909,09 um dia antes agora está sendo negociado por R$869,56! Ou seja, para me desfazer dele, terei que vendê-lo mais barato do que comprei, arcando com um prejuízo de 4,34%. Neste caso, terei prejuízo na minha aplicação!

E por que isso ocorreu? Porque as taxas de juros de mercado mudaram radicalmente de um dia para o outro, e, assim, o título que eu havia comprado se desvalorizou, porque a taxa subiu. Por outro lado, imagine a situação inversa: eu compro o título com taxa de 15% para um ano, ao preço de R$869,56, e no dia seguinte, a taxa desaba para 10%, e o título passa a ser negociado a R$909,09. Neste caso, seria o inverso, e eu teria obtido um lucro de 4,54% em um único dia.

Então, repare que nesse tipo de título, cuja taxa é, na verdade, um deságio sobre o valor de resgate, o título terá oscilações do dia da compra até o dia do vencimento. Mas no dia do vencimento ele custará, sem qualquer dúvida, R$1.000,00.

Isso significa que, caso eu compre títulos assim, poderei me livrar desse tipo de risco de mercado caso esteja preparado para levar o título até a data de vencimento. Ou seja, ao comprar este título, a rentabilidade pactuada no momento da compra é garantida no vencimento, mas não antes dele. Portanto, para eliminar esse tipo de risco de mercado, basta comprar títulos que têm essas características, apenas com a finalidade de levá-los para o vencimento.

O exemplo que utilizei contém alguns exageros que não se observam na prática. Dificilmente a taxa de um título se modifica de um dia para o outro em 5 pontos percentuais, embora já tenha ocorrido no passado em percentual até mais elevado. Outro exagero é colocar uma compra de títulos com vencimento de apenas um ano. Normalmente, títulos com vencimento de apenas um ano não estão disponíveis para compras no Tesouro Direto, apenas para vendas, o que tornaria essa situação impossível. Mas para exercício didático, usar os exageros ajuda a explicar o conceito.

Na prática, o que aconteceria seria a mesma coisa, porém em títulos com vários anos, já que o deságio sobre o valor de resgate obedece à fórmula de juros compostos:

$$M = C\,(1 + i)^n$$

Onde:

- **M** é igual ao montante (ou valor de resgate).
- **C** é o capital (ou o investimento).
- **i** é a taxa de juros.
- **n** é o número de períodos (número de anos).

Em situações em que sei o valor de resgate (M) e preciso calcular o valor do investimento (C), a fórmula ficaria conforme a seguir:

$$C = \frac{M}{(1 + i)^n}$$

Se você observar a fórmula, verá que o "n" desempenha um papel importante. Uma vez que ele se refere ao tempo, quanto maior o período de anos a ser feito o deságio do título a uma determinada taxa, mais impacto ele trará nesse deságio. Isso significa que variações menores da taxa de juros serão mais percebidas em títulos mais longos, que é realmente o que ocorre na prática.

Façamos outra simulação: imagine que você adquiriu agora um Título Prefixado de dez anos, com taxa de 10% ao ano. Usando a segunda fórmula, você terá que:

$$C = 1000 \ / \ (1+0,10)^{\wedge}10$$
$$C = 1000 \ / \ 1,10^{\wedge}10$$
$$\textbf{C = 385,54}$$

Agora imagine que, no dia seguinte, a taxa deste título subiu 1%, para 11% ao ano.

$$C' = 1000 \ / \ (1+0,11)^{\wedge}10$$
$$C' = 1000 \ / \ 1,11^{\wedge}10$$
$$\textbf{C' = 352,18}$$

Ou seja: o título que em um dia havia sido negociado a 385,54 (C), no dia seguinte passou a ser negociado a 352,18 (C'), resultando em 8,65% de variação negativa com apenas 1% de variação na taxa. O tempo potencializa qualquer alteração de taxa.

Essa situação pode ocorrer nos seguintes títulos:

◆ Tesouro Prefixado
◆ Tesouro Prefixado com Juros Semestrais
◆ Tesouro IPCA+
◆ Tesouro IPCA+ com Juros Semestrais

Todos esses títulos contêm um componente prefixado em sua remuneração e, por isso, sofrem os efeitos das oscilações de mercado.

Tal situação pode gerar insegurança para o investidor iniciante que não sabe o motivo dessas oscilações de preços. Mas o investidor que as compreende sabe que, levando até o vencimento, nada disso importa, pois sua remuneração estará assegurada.

A expectativa do investidor em renda fixa é a de que o valor de seu título se comporte como a linha cinza da Figura 3. Porém, nos títulos negociados no Tesouro Direto, apenas o Tesouro Selic tem desempenho similar. O valor dos demais títulos apresenta um comportamento similar ao da linha preta da Figura 3, ou seja, com oscilações.

Figura 3

TABELA 3		
Quadro Resumo do Tesouro Direto		
Título	**Remuneração**	**Garantia de remuneração pactuada**
Tesouro Selic	Selic	A qualquer tempo
Tesouro Prefixado	Prefixado	Só no vencimento
Tesouro Prefixado com Juros Semestrais	Prefixado	Só no vencimento
Tesouro IPCA+	IPCA + taxa prefixada	Só no vencimento
Tesouro IPCA+ com Juros Semestrais	IPCA + taxa prefixada	Só no vencimento

PREÇOS E TAXAS DOS TÍTULOS DO TESOURO DIRETO

Para consultar[12] os títulos disponíveis no Tesouro Direto, bem como sua remuneração, valores mínimos, datas de vencimento e fazer algumas simulações, basta acessar o site.

IMPOSTOS NO TESOURO DIRETO

A tributação no Tesouro Direto é feita de acordo com as Tabelas 1 e 2, apresentadas na introdução à renda fixa.

---

12.   https://www.tesourodireto.com.br/titulos/precos-e-taxas.htm

ATIVOS DE EMISSÃO BANCÁRIA

Como tratei na introdução à renda fixa, os títulos podem ser classificados, segundo a emissão, em títulos de emissão pública, de emissão bancária ou de emissão corporativa. Falaremos agora mais especificamente sobre os títulos de emissão bancária.

Os bancos, para realizarem suas atividades de intermediação, precisam captar recursos de poupadores e emprestá-los aos tomadores. A diferença entre as taxas de captação e empréstimo é chamada de spread bancário, que nada mais é do que a forma com que os bancos lucram nessa intermediação, conforme a Figura 4.

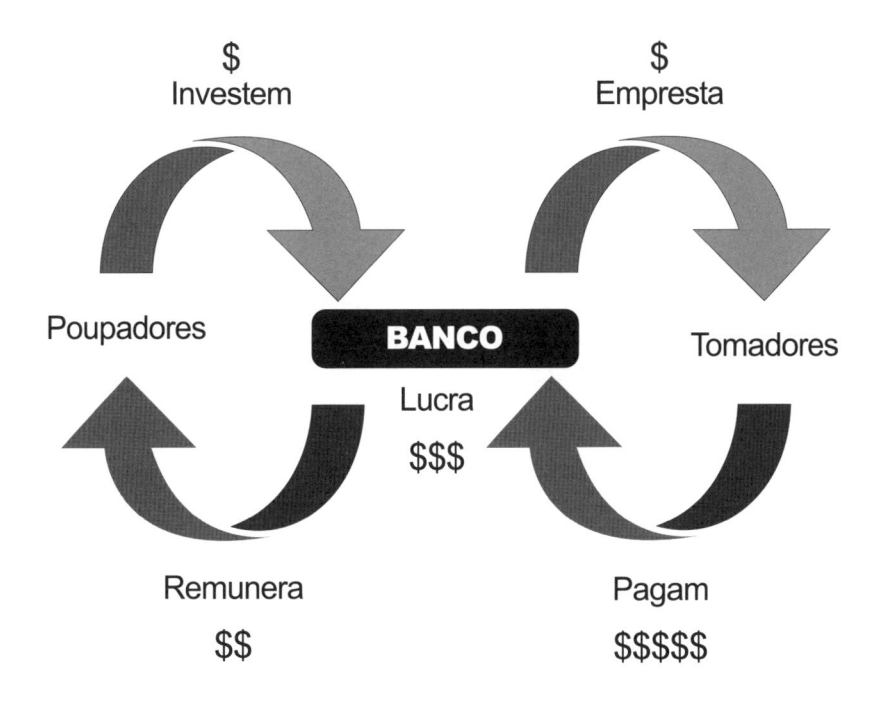

Figura 4

Como podemos observar, os poupadores estão atrás de alguma remuneração pelo seu excesso de capital. Uma das possibilidades para isso é ir ao banco e fazer algum tipo de aplicação financeira de emissão bancária, que nada mais é do que emprestar dinheiro ao banco.

Na outra ponta, existem pessoas e empresas demandando recursos para suas atividades e precisam contratar empréstimos bancários. Por isso, vão ao banco e pedem empréstimos. O banco então pega o dinheiro que foi fornecido pelo poupador e empresta ao tomador de crédito.

Posteriormente, o tomador de crédito devolve ao banco o dinheiro que tomou emprestado, acrescido de juros, pagando mais do que emprestou. Desses juros, o banco retém uma parte para si, que é seu lucro na operação, e repassa uma parte para o poupador, remunerando assim seu capital.

DINHEIRO LIVRE OU CARIMBADO?

Sempre que explico sobre ativos de emissão bancária, aparece a colocação: "Mas o banco fica com muito dinheiro! Imagine que ele me paga de juros anual às vezes até a menos que a taxa Selic,[13] mas empresta para as pessoas na taxa de juros do cheque especial![14]"

Sim, é verdade, mas nem sempre. Existem ativos de emissão bancária que têm um carimbo de como o banco deve emprestar o dinheiro captado por meio deles, enquanto em outros não existe esse carimbo.

RISCOS DA EMISSÃO BANCÁRIA

Se o risco de crédito é o risco de o emissor não pagar ao investidor aquilo que foi combinado e na forma combinada, o risco da emissão bancária é justamente o risco de a instituição financeira passar por algum problema financeiro e sofrer a intervenção do Banco Central. Ou seja, a saúde financeira da instituição financeira emissora do título é um fator preponderante na análise de risco.

Mas há uma proteção adicional para alguns títulos de emissão bancária. Existe uma entidade privada sem fins lucrativos, criada em 1995 justamente para oferecer cobertura e proteção aos detentores de títulos de emissão bancária, chamada Fundo Garantidor de Crédito — FGC.[15] A associação das instituições financeiras ao FGC é obrigatória, conforme determina o Banco Central do Brasil.

---

13. Veja a taxa Selic do momento em: <https://www.bcb.gov.br/>.

14. Veja a taxa do cheque especial em: <https://www.bcb.gov.br/detalhenoticia/402/noticia>.

15. Veja mais sobre o FGC em: <https://fgc.org.br/home>.

Na prática, funciona assim: quando uma instituição financeira sofre intervenção do Banco Central para ser liquidada, o FGC entra em ação e faz o levantamento das pessoas que têm títulos da instituição e garante o valor aplicado de acordo com algumas condições:

- ◆ Limitadas a R$250 mil por CPF e por instituição financeira.
- ◆ Teto de R$1 milhão a cada período de quatro anos.
- ◆ Cobertura para depósitos em conta-corrente, poupança, títulos de emissão bancária (nem todos — mas falaremos deles a seguir).
- ◆ Algumas outras situações diferenciadas.

Isso significa que, caso um investidor invista em um título de emissão bancária (empreste dinheiro ao banco) coberto pela garantia, mesmo que o banco venha a quebrar, ele terá seu valor protegido, devolvido e atualizado até a data da intervenção.

É comum também que pessoas que não conheçam essa proteção se perguntem se "na hora do vamos ver" ela realmente funciona. Até o momento em que escrevo o livro, quase quarenta instituições financeiras, desde 1995, já foram resgatadas pelo FGC, e os respectivos poupadores foram devidamente protegidos.

POUPANÇA

A poupança não é exatamente um título de renda fixa de emissão bancária, mas uma conta remunerada. Resolvi colocá-la nesta categoria, pois se trata de um investimento bancário.

Destinação dos Recursos

Quando alguém deixa o dinheiro guardado na poupança, o banco não pode usar esse dinheiro da maneira como quiser. O banco pode utilizá-lo apenas para o encaixe técnico,[16] crédito agrícola e crédito habitacional. Por isso, não é verdadeiro afirmar que o banco paga rentabilidade de poupança, mas cobra juros do cheque especial, pois o uso desse recurso é carimbado.

---

16. Dinheiro que os bancos devem manter em caixa para pagar o fluxo de saques de seus clientes.

Rendimento

O rendimento da poupança[17] ocorre a cada trinta dias, nas chamadas datas de aniversário. Cada depósito tem sua própria data de aniversário e renderá exatamente à medida que completar esse ciclo. O rendimento da poupança é composto de duas partes:

- ◆ Atualização do valor pela Taxa Referencial (TR), divulgada pelo Banco Central.
- ◆ Remuneração adicional por juros de:
  - ◆ 0,5% (ao mês, caso a taxa Selic anual seja superior a 8,5% ao ano;
  - ◆ 70% da taxa Selic ao ano, mensalizada.[18]

Liquidez:

A poupança tem a liquidez como sua principal vantagem. Se você tem um determinado valor aplicado em uma conta poupança e precisar retirá-lo com urgência, poderá fazê-lo no mesmo dia. Pode fazer uma transferência para sua conta-corrente via aplicativos de bancos diretamente do celular ou pelo computador ou, ainda, se dirigir a um terminal de autoatendimento e sacar em espécie[19] na hora.

Porém, há que se fazer uma consideração: a liquidez da poupança é uma liquidez sem rendimentos, pois ela rende de trinta em trinta dias, conforme falamos. Então, se um valor é resgatado no intervalo desse período, não haverá nenhuma remuneração.

Em vez de dizer simplesmente que a poupança tem liquidez diária, prefiro dizer que a poupança tem liquidez diária sem rendimentos ou liquidez diária com rendimentos uma vez por mês (lembrando, também, que cada aporte feito tem sua própria data de aniversário).

Impostos

Os rendimentos da poupança são isentos de Imposto de Renda e de IOF.

---

17. Lei 12.703, de 2012, e Lei 8177, de 1991
18. É a taxa mensal equivalente em juros compostos à taxa Selic anual vigente.
19. Lembrando que há limites de saques diários nos terminais de autoatendimento.

Segurança

Solidez da instituição financeira e proteção do FGC.

CDB — CERTIFICADO DE DEPÓSITO BANCÁRIO

O CDB é um dos títulos de renda fixa de emissão bancária mais conhecidos.

Destinação dos Recursos

Os recursos captados pelos bancos via emissão de CDB têm destinação livre.

Rendimento

O rendimento do CDB pode ser prefixado ou pós-fixado. As maneiras mais comuns no mercado são parecidas com as disponíveis no Tesouro Direto.

- ◆ **CDB prefixado:** taxa predeterminada (ex.: 8% ao ano).
- ◆ **CDB DI:** atrelado a um percentual da taxa CDI (ex.: 95% do CDI).
- ◆ **CDB IPCA:** atrelado ao IPCA adicionado a uma taxa fixa (ex.: IPCA + 4% ao ano).

Liquidez

Existem CDBs com liquidez diária, ou seja, que podem ser resgatados e transferidos automaticamente para a conta-corrente a qualquer momento, mas existem também CDBs com carência, que permitem resgates a partir de uma data futura. E há também os CDBs com carência até o vencimento, quando o resgate só acontece na data final do prazo do CDB contratado.

Existem algumas situações em que alguns CDBs, mesmo em período de carência, podem ser resgatados. Mas neste caso, pode existir algum tipo de penalidade na rentabilidade. Para exemplificar, digamos que um investidor contratou um CDB para 4 anos com uma taxa de 114% do CDI, mas que só será resgatado no fim do prazo. Decorridos 2 anos, o investidor precisa resgatar o CDB por motivo de urgência. Neste caso, pode ser que ele consiga junto à instituição financeira por onde adquiriu o CDB, porém renunciando a uma parte da rentabilidade obtida até então. Um CDB é um contrato, e, se no momento da aplicação, o investidor concorda em deixar o dinheiro parado por todo aquele período, o banco emissor concorda também em pagar determinada taxa. Se o investidor resolve modificar o combinado, então o banco tem a prerrogativa também de alterar a taxa. E aí o investidor escolhe o que é melhor: efetuar o resgate com a penalidade ou permanecer nas condições inicialmente acordadas. O que permite isso é que o CDB pode ser negociado em mercado secundário, e uma corretora poderia, por exemplo, recomprá-lo de um investidor e revendê-lo a outro.

Então por que alguém optaria por um CDB que não tem liquidez diária? Porque as taxas de remuneração dos CDBs com carência tendem a ser maiores.

Na Parte II, detalharei o método de investir que evita situações desse tipo e que permite ao investidor sempre escolher os investimentos adequados às suas necessidades, aproveitando as melhores taxas sem sufoco.

Impostos
Os impostos em CDB seguem as Tabelas 1 e 2, apresentadas na introdução à renda fixa.

Segurança
Solidez da instituição financeira e proteção do FGC.

LCI — LETRA DE CRÉDITO IMOBILIÁRIO
A LCI é parecida com o CDB, porém existem pequenas diferenças que são importantes de serem compreendidas.

Destinação dos Recursos
Ao contrário do CDB, cuja destinação dos recursos captados pelos bancos é livre, as LCIs têm destinação carimbada. Os bancos só podem utilizar esses recursos para empréstimos de crédito imobiliário e só podem emitir as LCIs se tiverem esse lastro.

Ter o lastro significa ter contratos de empréstimos imobiliários firmados, e, por isso, um banco não pode emitir LCIs indiscriminadamente, como ocorre no CDB.

Rendimento

O rendimento da LCI pode ser prefixado ou pós-fixado, tal como os CDBs. As maneiras mais comuns no mercado são:

- ◆ **LCI prefixada:** taxa predeterminada (ex.: 7% ao ano).
- ◆ **LCI DI:** atrelado a um percentual da taxa CDI (ex.: 85% do CDI).
- ◆ **LCI IPCA:** atrelado ao IPCA adicionado a uma taxa fixa (ex.: IPCA + 3% ao ano).

Liquidez

Não existem LCIs com liquidez diária, portanto, não é possível, ao aplicar em uma LCI, resgatá-la a qualquer momento. Mas existem também as LCIs com carência, que permitem resgates a partir de uma determinada data futura, e há também as LCIs com carência até o vencimento, quando o resgate só acontece na data final do prazo da LCI contratada.

Impostos

As LCIs são isentas de IR. É por isso que, propositalmente, informei nos exemplos de rendimentos de taxas inferiores às dos CDBs. Embora as taxas geralmente sejam inferiores às do CDB, se comparadas a emissões de um mesmo banco para um mesmo prazo, a eficiência tributária pode ser mais vantajosa.

Na Parte II, quando discutiremos sobre o método para a escolha de investimentos, abordaremos melhor esta questão.

Segurança

Solidez da instituição financeira e proteção do FGC.

LCA — LETRA DE CRÉDITO DO AGRONEGÓCIO

Do ponto de vista do investidor, a LCA é idêntica à LCI. A diferença ocorre apenas no que se refere à destinação dos recursos.

Destinação dos Recursos

As LCAs, tal qual as LCIs, têm destinação carimbada. Os bancos só podem utilizar esses recursos para empréstimos relacionados ao agronegócio e só podem emitir as LCAs também, tal qual as LCIs, se tiverem esse lastro.

Rendimento

Idêntico às LCIs.

Liquidez

Idêntico às LCIs.

Impostos

Idêntico às LCIs.

Segurança

Idêntico às LCIs.

LF — LETRA FINANCEIRA

As LFs são parecidas com os CDBs. São uma alternativa para o investimento em renda fixa e apresentam algumas características diferenciadas.

As LFs têm duas classes: com cláusula de subordinação ou sem cláusula de subordinação. A cláusula de subordinação se refere à ordem na fila de recebimento.

Quando uma instituição financeira sofre intervenção do Banco Central, é feita sua liquidação, ou seja, todas as despesas são levantadas e pagas, os ativos são vendidos, e se sobrar algum patrimônio, ele é revertido aos acionistas.

Em caso de falência ou liquidação do emissor, as LFs que não têm cláusula de subordinação entram "na fila" de recebimento depois dos demais credores, tendo preferência somente com relação aos acionistas. Já as LFs com cláusula de subordinação entram em uma posição superior.

As LFs sem subordinação têm o mínimo de R$150 mil e prazo mínimo de 2 anos. As LFs subordinadas têm o mínimo de R$300 mil e prazo mínimo de 5 anos.

Por este motivo, as LFs acabam sendo muito mais negociadas no mercado institucional,[20] enquanto os CDBs são mais negociados junto ao varejo (investidores pessoa física). Mas não há nada que impeça investidores pessoa física de também investir em LFs. As LFs podem oferecer taxas melhores do que as oferecidas pelos CDBs.

Destinação dos Recursos

Os recursos captados pelos bancos via emissão de LFs têm destinação livre.

Rendimento

O rendimento da LF pode ser prefixado ou pós-fixado, como as demais alternativas.

- ◆ **LF prefixada:** taxa predeterminada (ex.: 8,5% ao ano).
- ◆ **LF DI:** atrelada a um percentual da taxa CDI (ex.: 105% do CDI).
- ◆ **LF IPCA:** atrelada ao IPCA adicionado a uma taxa fixa (ex.: IPCA + 4,5% ao ano)

Liquidez

As LFs precisam ser levadas até o vencimento. Uma alternativa para o investidor que precisa de liquidez antes do prazo é tentar negociar a sua LF no mercado secundário. Na prática, o investidor precisa verificar se é possível junto à instituição financeira por onde adquiriu a LF e pedir uma cotação, o que pode também acarretar algum tipo de penalidade na rentabilidade obtida até o momento, por conta de algum spread.

Impostos

Os impostos em LF seguem a Tabela 1 apresentada na introdução à renda fixa.

Segurança

Solidez da instituição financeira. Importante: a LF não tem proteção do FGC.

---

20. Nome dado ao mercado que envolve negociação de títulos entre instituições financeiras.

RDB — RECIBO DE DEPÓSITO BANCÁRIO

O RDB é muito similar ao CDB, com pequenas diferenças e, como todo investimento de renda fixa de emissão bancária que já vimos até aqui, é mais uma maneira de um investidor emprestar dinheiro a um banco e receber juros no futuro.

Uma das diferenças é que, ao contrário dos CDBs, que são emitidos por bancos, os RDBs podem ser emitidos tanto por bancos quanto por financeiras.

Destinação dos Recursos

Os recursos captados pelos bancos via emissão de RDBs têm destinação livre.

Rendimento

Tal qual o CDB, o rendimento do RDB pode ser prefixado ou pós-fixado.

- **RDB prefixado:** taxa predeterminada (ex.: 8% ao ano).
- **RDB DI:** atrelado a um percentual da taxa CDI (ex.: 95% do CDI).
- **RDB IPCA:** atrelado ao IPCA adicionado a uma taxa fixa (ex.: IPCA + 4% ao ano).

Liquidez

Uma segunda diferença entre RDB e CDB é que, como vimos anteriormente, os CDBs podem permitir resgate antes do vencimento, podendo, inclusive, ter liquidez diária, o que não ocorre com os RDBs, que, por padrão, só podem ser resgatados no vencimento.

E a terceira e importante diferença é que os RDBs são intransferíveis e inegociáveis, não podendo, portanto, ser negociados em mercado secundário.

Na prática, isso impede que um investidor venha a se desfazer do RDB antes do vencimento, pois não é possível transferir sua titularidade entre investidores, e, por isso, uma corretora não terá como negociar o título, assumindo a recompra antes do prazo.

Impostos

Os impostos em RDB seguem as Tabelas 1 e 2.

Segurança
Solidez da instituição financeira e proteção do FGC.

OUTROS ATIVOS DE "EMISSÃO BANCÁRIA"

Existem outros ativos também com características similares às dos títulos de emissão bancária anteriores. Resolvi separá-los como "outros ativos", pois não são necessariamente emitidos por bancos, mas por outros tipos de instituições financeiras.

LC — Letra de câmbio

A LC, do ponto de vista do investidor, funciona da mesma maneira que o CDB. Porém, em vez de ser emitida por bancos, é emitida por financeiras.

Todas as demais condições são similares, inclusive a garantia do FGC.

As LCs podem ser encontradas pelo investidor em plataformas de investimento além das próprias financeiras.

RDC — Recibo de depósito cooperativo

O RDC, do ponto de vista do investidor, também é similar ao CDB. Porém, em vez de ser emitido por bancos, é emitido pelas cooperativas de crédito.

Todas as demais condições são similares, mas um ponto merece atenção especial: o RDC não tem garantia do FGC, já que este não abrange as cooperativas de crédito. Mas existe também um fundo garantidor para as cooperativas, e desde 2012, todas elas devem ser associadas a ele. Chama-se FGCoop.[21]

Os RDCs podem ser encontrados pelo investidor nas próprias cooperativas de crédito.

---

21. https://www.fgcoop.coop.br/

ATIVOS DE EMISSÃO CORPORATIVA

No início da explicação sobre renda fixa, mostrei que, segundo a emissão, os ativos de renda fixa podem ser de emissão pública, bancária ou de empresas (corporativa).

É comum que profissionais do mercado financeiro enquadrem debêntures, CRI e CRA na categoria chamada de emissão corporativa. Alguns profissionais do mercado, no entanto, chamam essa mesma categoria de "crédito privado" e, dessa maneira, dividem emissores em: governo (títulos públicos), instituições financeiras (ativos bancários) e crédito privado (debêntures, CRI e CRA), conforme a Figura 5:

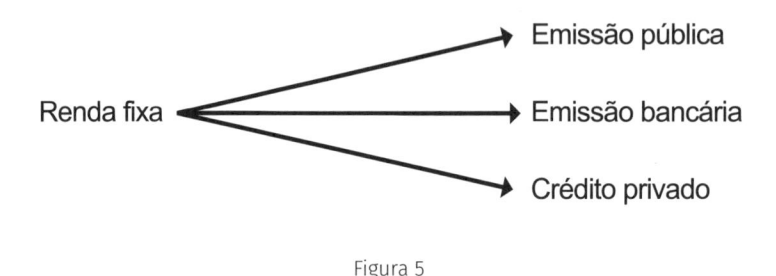

Figura 5

Particularmente, prefiro outra maneira de classificação, que é a da Figura 6:

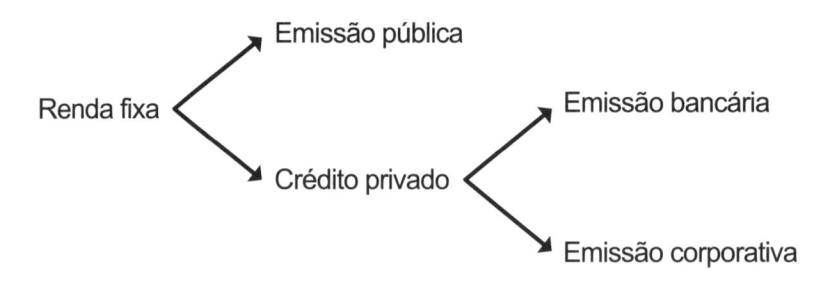

Figura 6

No meu entendimento, o que não é emissão pública é emissão privada, e esta se divide em bancária e corporativa. Então, é importante que o investidor, ao se deparar com esses termos junto a profissionais do mercado financeiro, esclareça a que tipo de ativo o profissional se refere.

DEBÊNTURES

Já vimos que um investimento de renda fixa nada mais é do que emprestar dinheiro para o governo (títulos públicos), para instituições financeiras (ativos de emissão bancária) ou para empresas.

As debêntures são títulos de renda fixa emitidos pelas empresas. Em outras palavras, as debêntures são títulos de dívida corporativa.

A emissão de debêntures permite às empresas captar recursos diretamente de investidores, com a finalidade de financiar seus projetos, reestruturar sua dívida e outras destinações.

E por que então uma empresa não vai ao banco pegar dinheiro emprestado, em vez de emitir debêntures? Existem dois motivos principais:

(A) Menor custo: as instituições financeiras pegam dinheiro dos investidores e emprestam para os tomadores. E nessa intermediação, incluem o spread, que é justamente seu lucro. Dessa maneira, ao fazer a captação de recurso via debênture diretamente do investidor, é possível para a empresa obter uma taxa de juros menor para sua dívida e, na grande maioria das vezes, remunerar o investidor melhor do que ele seria remunerado se investisse em um ativo de emissão bancária. Basicamente, a emissão da debênture "pula" o spread bancário e a intermediação financeira, que é um custo do processo.

(B) Personalização do fluxo de pagamento: a dívida bancária tem fluxos de pagamento predefinidos. Imagine que você precise tomar um dinheiro emprestado em um banco. Como é o fluxo normal de uma operação dessa? O banco libera o valor do dinheiro emprestado em sua conta, e você deverá pagá-lo, por exemplo, em 36 parcelas, sendo a primeira daqui a 30 dias. Embora uma empresa possa ter algumas condições diferenciadas, sempre existirá um fluxo padronizado pelo banco. Quando uma empresa emite debêntures, ela pode formatar a dívida de acordo com sua necessidade de fluxo, conforme seu planejamento financeiro, podendo afixar situações totalmente ajustadas aos seus projetos. Ela pode, por exemplo, dizer que a debênture não pagará nada ao investidor por 5 anos e, após esse período, pagará juros semestralmente, e após 7 anos, fará amortizações do principal anualmente até o prazo final, por exemplo, de 12 anos.

Um ponto a se observar é que não existe — para a empresa — o dilema de pegar dinheiro no banco ou via emissão de debênture como se fossem duas opções excludentes. A estruturação da dívida de uma empresa contém, normalmente, mais de uma fonte de financiamento, sendo que ambos os tipos de dívida compõem o mix da maneira que seja mais pertinente para cada empresa.

As debêntures podem ser emitidas apenas por sociedades anônimas (S.A.), com capital aberto[22] ou fechado. Porém, apenas empresas com capital aberto e com registro na CVM[23] podem fazer ofertas públicas de debêntures.

Destinação dos Recursos

Os recursos captados pelas debêntures, como já comentado, são utilizados pelas empresas conforme suas necessidades e são informados no material publicitário referente às ofertas públicas de cada uma delas, de maneira que o investidor pode saber o motivo da captação e qual a intenção de uso da empresa para o valor captado.

Rendimento

Tal qual os demais títulos de renda fixa, a maior parte das emissões são:

- ◆ **Prefixadas:** taxa predeterminada (ex.: 9% ao ano).
- ◆ **Atreladas ao CDI:** atrelado a um percentual da taxa CDI (ex.: 102% do CDI).
- ◆ **Atreladas ao IPCA:** atrelado ao IPCA adicionado a uma taxa fixa (ex.: IPCA + 6% ao ano).

Normalmente, as debêntures apresentam rentabilidade superior aos títulos públicos e às emissões bancárias, uma vez que o risco de crédito é um pouco maior.

Liquidez

Uma vez feita a emissão da debênture, com seu respectivo fluxo de pagamento de juros e amortização definido, o investidor terá liquidez apenas quando da ocorrência desses eventos e nos montantes respectivos. Logo, é imprescindível que um investidor, ao avaliar uma debênture, tenha em mente que o ideal é fazer o investimento com o planejamento financeiro de levá-la até o vencimento.

---

22.   Empresas de capital aberto são aquelas cujas ações podem ser adquiridas em Bolsa de Valores.

23.   Comissão de valores mobiliários: <http://www.cvm.gov.br/>.

Se houver necessidade de se desfazer do investimento, a liquidez se dá via mercado secundário, sendo necessária a cotação do preço de venda junto à instituição financeira por onde o investimento foi feito.

Embora a negociação em mercado secundário de debêntures venha avançando, não é garantido ao investidor que exista demanda pela sua debênture antes do vencimento.

Um aspecto muito positivo diz respeito ao fluxo de pagamento. Dependendo da emissão, as debêntures têm algum tipo de pagamento periódico de juros e/ou amortizações, de modo que o investidor não ficará totalmente ilíquido até o vencimento caso não consiga se desfazer do título em mercado secundário ou caso a condição ofertada pelo mercado não seja vantajosa para a saída.

Impostos

Os impostos em debêntures seguem as Tabelas 1 e 2, porém, existe um tipo de debênture isenta de imposto de renda: são as chamadas debêntures incentivadas. As debêntures incentivadas surgiram em 2011 com a Lei 12.431, e para fazer jus ao benefício, a emissão deve estar associada à captação de recursos para a realização de investimentos em infraestrutura.

Assim, existem os dois tipos de debêntures: (a) as que são tributadas conforme as Tabelas 1 e 2 e (b) as debêntures isentas de imposto de renda. Portanto, é imprescindível que o investidor sempre saiba, diante de uma escolha de investimentos, se a debênture que está avaliando é ou não incentivada, para que faça a comparação correta quanto à rentabilidade e possa usufruir, quando for o caso, de uma maior eficiência tributária.

Segurança

Diferentemente dos títulos públicos (que são garantidos pelo governo) e da maioria dos ativos de emissão bancária (que são garantidos pelo FGC), as debêntures não se enquadram nesses mecanismos de proteção, sendo, portanto, necessário entender um pouco mais sobre os riscos e as garantias associadas e sobre a saúde financeira das empresas emissoras.

Garantias

Existem debêntures que podem incluir algumas garantias para investidores, e tais garantias são de dois tipos:

(A) Garantia flutuante: concede ao debenturista um privilégio geral sobre o ativo da empresa emissora sem, no entanto, proibir que a própria empresa negocie esse mesmo bem.

(B) Garantia real: neste caso, alguns bens ou direitos ficam como garantia da emissão e não podem ser negociados pela empresa sem anuência dos debenturistas, estando, portanto, diretamente ligados à debênture.

Também existem dois tipos de debêntures sem garantias:

(A) Garantia quirografária: o debenturista fica em igualdade de condições com os outros credores da empresa em caso de falência da companhia.

(B) Garantia subordinada: tem preferência apenas com relação aos acionistas da empresa no caso de falência.

Observando os tipos de garantias, pode ser que um investidor iniciante tenha preferência imediata por uma emissão com garantia real. Porém, é importante observar que a inclusão ou não de garantias se dá justamente para minimizar riscos. Sendo assim, uma emissão de uma empresa com alta capacidade financeira e de alta reputação no mercado financeiro como tomador de crédito pode dispensar a necessidade de garantias reais, ou seja, pode ser que uma emissão sem garantias seja menos arriscada do que uma emissão com garantia real, dependendo de quem seja o emissor.

Rating

Uma das maneiras de o investidor ter percepção de riscos quando investe em debêntures é por meio do rating do título. O rating nada mais é do que uma nota de classificação de risco de crédito fornecida para cada emissão.

Essa nota é atribuída pelas agências de classificação de risco que prestam serviço de avaliação das emissões e fornecimento de uma opinião sobre as condições de o emissor honrar seus compromissos financeiros.

Após a avaliação, as agências dão uma "nota", sendo as mais altas para os títulos com menor risco (mais seguros), e as mais baixas para os títulos com maior risco. As principais agências de risco são: Moodys, Standard & Poors (S&P) e Fitch.

TABELA 4		
Fitch	S&P	Moody´s
AAA	AAA	Aaa
AA+	AA+	Aa1
AA	AA	Aa2
AA-	AA-	Aa3-
A+	A+	A1
A	A	A2
A-	A-	A3
BBB+	BBB+	Baa1
BBB	BBB	Baa2
BBB-	BBB-	Baa3
BB+	BB+	Ba1
BB	BB	Ba2
BB-	BB-	Ba3
B+	B+	B1
B	B	B2
B-	B-	B3
CCC	CCC	Caa1
CC	CC	Caa2
C	C	Caa3
D	D	Ca
		C

As notas de crédito não são garantias de segurança total, e isso precisa ser compreendido pelo investidor. Elas se baseiam na probabilidade ou não de uma emissão ter problemas e, portanto, devem ser entendidas como referência para a tomada de decisão, e não como certeza.

Spread de Crédito

O spread de crédito pode ser entendido como a diferença entre as taxas de retorno de uma debênture com relação a um título público.

Se um investidor tem duas opções de debêntures, sendo ambas com o mesmo spread de crédito com relação a um título público similar, logo, é natural que opte pela debênture de melhor nota. Porém, se as opções forem com o mesmo rating, é natural que o investidor tenha preferência pela de maior taxa de retorno.

Com isso, é possível observar que deve existir uma correlação inversa entre rating e taxa de retorno, de maneira que, quanto maior a taxa de retorno (e maior o spread de crédito), menor tende a ser a nota, e vice-versa.

A percepção do spread disponível conjugado com o rating é importante para a tomada de decisão.

Concluindo, as debêntures fornecem ao investidor a oportunidade de melhor rentabilizar seu capital de longo prazo, desde que estejam adequadas às necessidades de liquidez e planejamento financeiro do investidor. No que se refere à segurança, é necessário compreender que as debêntures não oferecem garantias do governo ou do FGC, sendo necessário que o investidor se aprofunde em informações sobre a saúde financeira do emissor, podendo ser o rating um dos parâmetros de referência.

CRI — CERTIFICADO DE RECEBÍVEIS IMOBILIÁRIOS

Para compreender o CRI, usarei dois exemplos.

EXEMPLO 1

Imagine que uma construtora resolva construir um edifício e inicie as vendas das unidades. Os interessados se dirigem ao stand de vendas, tiram suas dúvidas sobre o empreendimento imobiliário em questão, decidem adquirir uma unidade e assinam o contrato de compra. Ao longo de algumas semanas ou meses, a construtora tem dezenas de contratos firmados com diversos compradores, de maneira que o empreendimento é todo vendido.

Em cada um desses contratos celebrados, existem condições parceladas de pagamento para cada comprador, de maneira que agora a construtora tem um conjunto de recebíveis[24] imobiliários em seu poder.

---

24. Dinheiro devido para uma empresa em função da venda de produtos ou serviços a crédito.

A construtora, por sua vez, precisa transformar esses recebíveis — também chamados de direitos creditórios — em caixa. Para isso, a construtora procura uma companhia securitizadora,[25] que adquire esses direitos creditórios pagando à vista e obtendo um desconto. Esses recebíveis são vinculados à emissão de CRIs, que são disponibilizados no mercado para investidores.

Assim, os compradores dos imóveis fazem os pagamentos de suas parcelas a um banco. O dinheiro é repassado para a securitizadora, que o utiliza para efetuar os pagamentos aos investidores que fizeram a aquisição dos CRIs conforme condições preestabelecidas na emissão do CRI e devidamente registrados no Termo de Securitização.

EXEMPLO 2

Imagine que um prédio comercial esteja totalmente alugado, com contratos de aluguéis de longa duração. Esses contratos de aluguel geram também um fluxo de recebíveis ao proprietário do edifício, podendo, da mesma forma, ser securitizado, gerando CRIs.

Conforme observado nos dois exemplos, ao investir em um CRI, o investidor está antecipando um fluxo de recebíveis imobiliários. Esse fluxo pode ser lastrado em financiamentos residenciais, comerciais, construções e contratos de aluguéis de longo prazo.

Na Figura 7, apresento o fluxo do CRI conforme já detalhamos anteriormente.

---

25. Securitizar é transformar direitos creditórios em títulos negociáveis no mercado.

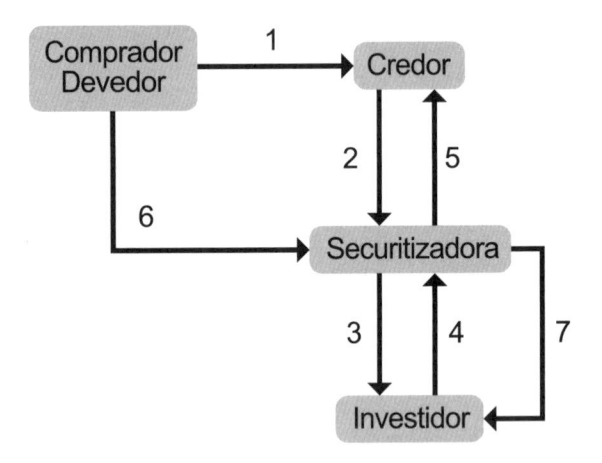

Figura 7

1. Comprador assina contrato, se torna devedor e gera direito creditório.

2. Credor cede direitos creditórios à securitizadora.

3. Securitizadora transforma direito creditório em CRI.

4. Investidor adquire o CRI e gera recursos para a securitizadora.

5. Securitizadora antecipa o fluxo cedido pelo credor.

6. Devedor paga suas parcelas para a securitizadora.

7. Securitizadora repassa juros e amortizações do CRI para o investidor.

Destinação dos recursos

Os recursos captados pelos CRIs, como vimos, servem para financiamento via antecipação de recebíveis imobiliários.

Rendimento

Tal qual os demais títulos de renda fixa, a maior parte das emissões disponíveis nas plataformas de investimentos para pessoa física são:

- ◆ **Prefixadas:** taxa predeterminada (ex.: 7% ao ano).
- ◆ **Atreladas ao CDI:** atrelado a um percentual da taxa CDI (ex.: 104% do CDI).
- ◆ **Atreladas ao IPCA:** atrelado ao IPCA adicionado a uma taxa fixa (ex.: IPCA + 4% ao ano).

Normalmente, os CRIs apresentam rentabilidade superior aos títulos públicos e às emissões bancárias, uma vez que o risco de crédito é um pouco maior.

Liquidez

A composição do fluxo de pagamento do CRI se assemelha ao das debêntures na medida em que cada emissão pode ter um fluxo diferente, contemplando juros e amortização. Por isso, é importante ter um planejamento adequado, para que o investidor não necessite dos recursos aplicados nessa modalidade antes dos prazos estabelecidos e de montantes superiores aos montantes já definidos no próprio fluxo.

Em caso de necessidade dos recursos antes do prazo, a liquidez se dará via mercado secundário, sendo necessária a cotação do preço de venda junto à instituição financeira por onde o investimento foi feito, porém, sem a garantia de que haja interesse de compra por parte da instituição.

Impostos

Os CRIs são isentos de Imposto de Renda e IOF; dessa forma, proporcionam aos investidores que optam pela modalidade uma eficiência tributária significativa.

Aqui vale observar que o comparativo entre taxas de investimentos com e sem IR requerem do investidor uma atenção especial, de maneira a não se confundir nas comparações com outros investimentos tributados. O ideal é fazer um comparativo de como seria a taxa do mesmo título caso ele fosse tributado, fazendo o chamado Gross Up.[26]

Segurança

Tal qual as debêntures, os CRIs não têm garantias do Governo Federal ou do FGC, portanto, é adequado que o investidor entenda alguns aspectos básicos importantes para a compreensão do produto.

Quando comecei a falar dos CRIs, mencionei as companhias securitizadoras, empresas não financeiras constituídas sob a forma de sociedade por ações e que têm por finalidade justamente a aquisição e securitização dos direitos creditórios,

---

26. Embutir impostos de maneira fictícia em investimentos isentos para que se tenha uma comparação realista com os demais investimentos tributados.

que mencionamos anteriormente, e a emissão e colocação de CRIs e outros títulos de crédito no mercado financeiro.

O que vale explicar aqui é que a securitizadora não é a garantidora da operação, o que significa que, mesmo que a securitizadora venha a quebrar e/ou tenha dificuldades financeiras, não gerará impactos para o recebimento do fluxo para os investidores. Isso acontece porque existe uma segregação do risco do emissor, de maneira que os recebíveis não se misturam ao patrimônio da emissora. O risco está, portanto, na qualidade dos recebíveis "empacotados" dentro do CRI, e daí a importância de compreender qual é a origem dos recebíveis e qual é o nível de critério adotado pelo credor[27] na concessão de crédito aos seus clientes.

Obviamente, não parece uma tarefa de avaliação simples para o investidor pessoa física. Daí a sugestão de consultar sempre a instituição financeira por onde investe para tirar dúvidas e, tal qual nas debêntures, observar o rating[28] da emissão.

CRA — CERTIFICADO DE RECEBÍVEIS DO AGRONEGÓCIO

Os CRAs funcionam de maneira similar aos CRIs, porém, em vez de serem originados a partir de recebíveis imobiliários, são originados a partir de recebíveis relacionados ao agronegócio.

O fluxo do CRA é similar ao fluxo do CRI apresentado na Figura 7, com algumas pequenas alterações.

Na figura do "comprador/devedor", estarão produtores rurais, cooperativas e empresas do agronegócio adquirindo insumos a crédito, gerando direitos creditórios.

Na figura do "credor", estarão empresas do agronegócio e/ou cooperativas que fornecem esses insumos e que, mediante sua venda, passam a ter recebíveis em seu poder.

A partir daí, o processo se repete exatamente como no CRI: o credor dos recebíveis provenientes do agronegócio vende esses direitos à vista para uma securitizadora, que emite o CRA e os distribui a investidores.

---

27.   Ver a Figura 7.
28.   Ver a Tabela 4.

Por fim, quando os produtores ou cooperativas que foram os compradores dos insumos fizerem os pagamentos das parcelas de sua compra a crédito, a securitizadora os repassará ao investidor.

Destinação dos Recursos

Os recursos captados pelos CRAs, servem, portanto, para financiamento de produtores, cooperativas e empresas atuantes no agronegócio.

Rendimento

Modelo idêntico aos CRIs.

Normalmente, os CRAs apresentam rentabilidade superior aos títulos públicos e às emissões bancárias, uma vez que o risco de crédito é um pouco maior.

Liquidez

Idêntico aos CRIs.

Impostos

Idêntico aos CRIs (isentos de IR e IOF).

Segurança

Idêntico aos CRIs.

CONCLUSÕES SOBRE
RENDA FIXA

Até aqui, esmiucei as características dos investimentos em renda fixa e detalhei cada uma das principais opções disponíveis no mercado financeiro.

Como o mercado financeiro é dinâmico, pode ser que eventualmente o investidor se depare com outras modalidades ou mesmo com novos produtos em renda fixa lançados no futuro.

De toda forma, os conceitos abordados até aqui serão extremamente importantes para que seja possível ao investidor compreender outras possibilidades, baseando-se em comparativos de retornos, identificação de riscos e dos respectivos emissores, rating, características de liquidez e outras que sejam importantes no momento da decisão.

Na segunda parte, o investidor terá um passo a passo de como e em que situação os investimentos devem ser escolhidos para a montagem de um portfólio eficiente e equilibrado de acordo com o seu perfil a fim de alcançar seus objetivos de vida.

Capítulo II

RENDA VARIÁVEL

INTRODUÇÃO À RENDA VARIÁVEL

Uma das maneiras de assimilar a renda variável é entendê-la como o oposto da renda fixa, considerando as características principais que mencionamos anteriormente.

Se a renda fixa permite que o investidor conheça as taxas de retorno de seu investimento em determinado prazo, o primeiro ponto a ser destacado é que a renda variável é exatamente o oposto: não permite ao investidor saber de antemão qual será o retorno.

Por mais simplista que possa parecer, é impressionante como este conceito básico e simples é de difícil absorção por grande parte dos investidores. Tanto é, que é normal ouvir perguntas do tipo: "Tá, mas quanto rende em média o investimento em renda variável?" É óbvio que, pelo próprio conceito apresentado, essa é uma pergunta sem resposta. Ela nem deveria ser feita, porque o conceito mais básico da renda variável é justamente o de não se saber qual será seu retorno.

O que pode ser respondido é: não sei quanto renderá, mas, olhando para o passado, posso mostrar a você as rentabilidades dos últimos dez ou vinte anos de um determinado investimento em renda variável. Mas nada garante que vá se repetir. Aliás, certamente não vai se repetir, porque, caso se repetisse, então não seria mais renda variável.

E por que a renda variável funciona assim? Por que então as pessoas optariam por um investimento que não lhes permite saber o retorno futuro em detrimento de outros que possam conhecer previamente?

Uma maneira também simples de responder a essa dúvida recorrente é a seguinte: lembre-se de que, na renda fixa, os investimentos são empréstimos feitos entre investidores e tomadores de crédito (emissores), portanto, a relação entre investidor e emissor é uma relação de credor e devedor. Já na renda variável, essa relação não existe. A renda variável não é um empréstimo, não existe nenhuma obrigação da outra parte de devolver dinheiro nenhum. Grosso modo, na renda variável, a opção do investidor é a de se tornar um "sócio" de um determinado investimento, ganhando e perdendo conforme esse mesmo investimento também ganha ou perde.

O investimento que melhor simboliza a renda variável é o investimento em ações, no qual essas diferenças ficam bem claras.

Imagine que você tem um capital para investir e está em dúvida sobre o que fazer com ele. Você tem a opção de comprar uma debênture emitida pela empresa ABCD ou comprar ações da mesma empresa. Note que, neste caso, você escolherá entre um investimento de renda fixa (debênture) ou um investimento de renda variável (ações).

Caso opte pelo investimento de renda fixa, você emprestará dinheiro para essa empresa e no futuro receberá seu dinheiro de volta, conforme taxas previamente estabelecidas. Você é um credor e tem o direito de receber da maneira combinada, não importa se os lucros dessa empresa crescerão ou diminuirão. Nas condições combinadas, você terá seu dinheiro de volta — ao menos essa é a expectativa.

Por outro lado, se você optar pelo investimento em ações da mesma empresa, então não mais será um credor, mas um acionista, ou seja, um sócio. Neste caso, a empresa não te deve nada, porque você passa a ser também um proprietário dela. E aí, sim, você será beneficiado com o crescimento da empresa, com sua lucratividade e com seu posicionamento cada vez mais forte no mercado em que ela atua.

Outra hipótese seria a de você emprestar dinheiro para o dono da pizzaria de seu bairro, então você emprestará o dinheiro e receberá em determinado prazo combinado. Outra situação dentro dessa mesma hipótese seria a do dono da pizzaria te oferecer uma sociedade. Neste caso, você não estaria emprestando dinheiro a ele, mas comprando participação na empresa, e, sendo assim, não teria nenhum prazo combinado para a devolução do capital investido e nem garantias. Tudo dependeria da saúde financeira da pizzaria e do crescimento de seus lucros.

Já demonstrei, então, que a renda fixa e a renda variável diferem quanto à relação estabelecida entre as partes: credor e sócio. Falei também da previsibilidade ou não do ganho: conhecido previamente ou sem possibilidade de previsão. Existe também outro aspecto que se relaciona ao vencimento. Vimos que um título de renda fixa tem uma data de vencimento e, sendo assim, um prazo para ser finalizado, e o dinheiro, devolvido ao investidor. No caso da renda variável, não existe um prazo determinado, e caso o investidor deseje sair de seu investimento, ele deverá vendê-lo para outro investidor.

E refazendo a pergunta: por que então as pessoas optariam por um investimento que não lhes permite saber o retorno futuro em detrimento de outros que possam conhecer previamente?

A resposta está justamente no potencial — sem garantias — de retorno mais elevado. A renda variável permite ao investidor um potencial de ganhos desconhecido, que pode ser muito maior do que os ganhos na renda fixa, como pode também ser menor. Por isso, um investidor pode optar pela renda variável em parte de sua carteira de investimentos, vislumbrando um ganho mais expressivo de rentabilidade para seu capital.

A escolha de ter ou não a renda variável na carteira e em que proporção basicamente dependerá do perfil do investidor e do horizonte de tempo de seus objetivos, além de muita consciência quanto ao investimento.

Como o investimento em ações é o principal símbolo do investimento em renda variável, proporcionando potencial superior de retorno com relação à renda fixa, mas também com maior risco, é preciso conhecê-lo melhor.

O QUE SÃO AÇÕES E QUAIS OS TIPOS EXISTENTES

Ao montar uma empresa, um empreendedor precisa de capital para investir. Nesse momento, então, o empreendedor pode decidir dividir o capital social da empresa por meio de cotas (para empresas de sociedade limitada) ou ações (no caso das S.A.). A empresa é "fatiada" de acordo com todos os investidores que queiram participar do empreendimento, e cada acionista detém uma parte da empresa — tornando-se proprietário da companhia proporcionalmente às ações que possui.

Uma ação é, portanto, um título nominativo e negociável, que representa a menor fração do capital social de uma empresa — sociedade anônima ou sociedade por ações.

O acionista (investidor em ações), como proprietário da empresa, tem direito à participação nos seus resultados proporcionalmente. Ou seja, se a empresa tem mais lucro, o acionista se beneficia disso e melhora o retorno sobre o seu capital investido naquela empresa. E se a empresa piora, ele também é afetado de maneira inversa.

Investir em ações é, em essência, ser dono de empresas e se beneficiar de seu crescimento.

Existem, basicamente, dois tipos de ações: as ações ordinárias e as ações preferenciais.

Ação Ordinária (ON): confere o direito ao voto nas assembleias deliberativas da empresa, permitindo ao investidor votar para eleger diretores, aprovar demonstrações financeiras, modificar estatutos sociais etc. Tem o número 3 no fim do *ticker*.[1]

Ação Preferencial (PN): não concede o direito ao voto, mas assegura a prioridade na distribuição de dividendos ou no reembolso de capital no caso da liquidação da empresa. Tem os números 4, 5, 6, 7 ou 8 ao fim do *ticker*.

A principal diferença entre os dois tipos de ações, portanto, é que, enquanto as ações ordinárias oferecem aos acionistas o direito ao voto, permitindo ao investidor participar ativamente do controle da empresa, as ações preferenciais dão aos

---

1. Ticker é o código que identifica um ativo negociado em bolsa.

acionistas a prioridade na distribuição de dividendos e preferência em caso de liquidação da empresa.

Units

As Units são "pacotinhos" que incluem mais de um ativo e são negociados em bloco. As Units têm o número 11 no fim do *ticker*. O *ticker* SAPR11, por exemplo, é negociado na B3 e é um pacotinho que inclui 1 ação ON + 4 ações PN da empresa SANEPAR. É possível ver as Units que estão em negociação e sua composição em link específico[2] no site da B3.

ADR — American Depositary Receipt

O ADR é um recibo negociável que representa a propriedade de ações emitidas por empresas não norte-americanas. Essa modalidade foi desenvolvida para permitir que investidores norte-americanos tivessem acesso ao mercado de ações de outros países por meio da Bolsa de Valores norte-americana, em condições e práticas muito semelhantes àquelas existentes nos EUA.

No caso de ADRs emitidos por empresas brasileiras, as ações ficam depositadas em um banco custodiante no Brasil e servem de lastro para a emissão do ADR, que será negociado na Bolsa norte-americana.

Por exemplo, as ações da Apple são comercializadas no mercado norte-americano, enquanto ações da Toyota são comercializadas na Bolsa do Japão. Ações da Vale, por exemplo, são listadas e negociadas na Bolsa brasileira.

Para que investidores norte-americanos possam investir em ações de bolsas fora dos Estados Unidos, foram criados os ADRs — que são espelhos das ações negociadas em outras bolsas.

BDRs — Brazilian Depositary Receipt

Operação inversa ao ADR, os BDRs são certificados representativos de valores mobiliários de emissão de companhia aberta — ou assemelhada —, com sede no

---

2. http://www.b3.com.br/pt_br/market-data-e-indices/servicos-de-dados/market-data/consultas/mercado-a-vista/units/

exterior e emitidos por instituição depositária no Brasil. São os BDRs que permitem ao investidor brasileiro investir em ações que são listadas fora do Brasil.

No entanto, embora o número de investidores brasileiros venha crescendo rapidamente nos últimos anos, os BDRs, no geral, ainda têm pouca liquidez.

IPO — OFERTA PÚBLICA INICIAL DE AÇÕES

IPO, ou Oferta Pública Inicial de Ações, é a abertura do capital de uma empresa no mercado acionário. É quando a empresa coloca à venda, pela primeira vez, suas ações no mercado de capitais — oferecendo essas ações aos investidores interessados em se tornarem sócios do empreendimento e obter ganhos com seu crescimento.

Mas se a empresa é tão boa, por que seus proprietários vendem parte de suas ações para outros investidores? Não seria mais inteligente permanecer com todas as ações?

Os IPOs têm a finalidade de captação de recursos para o crescimento da empresa. Portanto, em vez de recorrer a empréstimos bancários ou empréstimo via emissão de dívida corporativa (debêntures), os proprietários decidem atrair novos sócios com novo capital para reforçar os planos da companhia. É também uma maneira de os acionistas anteriores venderem uma parte de suas ações. Alguns desses acionistas aproveitam o momento para se desfazer do investimento anterior feito na empresa, enquanto outros reduzem suas posições, mas permanecem. Normalmente, o grupo controlador retém quantidade de ações suficientes para se manter à frente dos negócios.

Em 2019, algumas empresas brasileiras, como a C&A, o Banco BMG e a Vivara, fizeram seus IPOs na Bolsa brasileira, disponibilizando aos investidores a oportunidade de se tornarem acionistas.

Os IPOs são realizados no mercado primário — ou seja, o capital arrecadado é destinado à companhia. Após o IPO, as negociações em bolsa serão realizadas em mercado secundário, com investidores comprando e vendendo ações já emitidas uns dos outros.

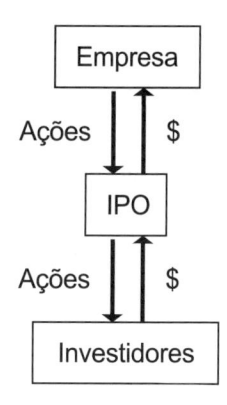 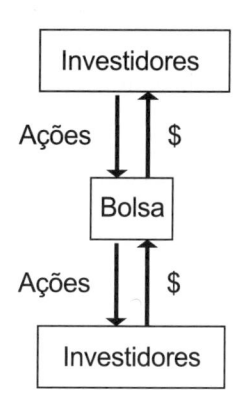

Figura 8

É preciso ficar atento para não confundir Oferta Pública Inicial com Oferta Pública de Ações. Isso porque podem existir ofertas públicas de ações no mercado que não são iniciais.

Um investidor — com quantidade significativa de ações — que pretende se desfazer de suas ações de uma empresa, por exemplo, abre uma oferta pública de ações para negociá-las. Neste caso, ele evita vendê-las diretamente no mercado, para que não haja um volume de venda exagerado, podendo resultar em distorções de preços e até mesmo um "efeito manada", induzindo investidores menos informados a se desfazer de suas ações por conta de um único investidor que vendeu seus papéis em grande quantidade.

Investidores que detêm parcela relevante das ações de uma empresa devem, obrigatoriamente, fazer uma oferta pública de ações.

Em função dessas questões, também pode ser feita uma divisão conceitual entre oferta primária e oferta secundária.

Oferta primária é quando a empresa faz uma emissão de novas ações para colocação junto ao público. Com isso, há captação de recursos pela empresa emissora, podendo ocorrer diluição na participação dos acionistas no capital social da empresa.

Oferta secundária é quando não ocorre emissão de novas ações. A oferta é realizada a partir de um determinado lote de ações pertencente a algum acionista. Não há captação de recursos pela empresa.

Com esses conceitos, podemos concluir que toda Oferta Inicial de Ações é uma oferta primária e há captação de recursos para a empresa. É o caso de uma empresa que está lançando suas ações na Bolsa pela primeira vez. Está, portanto, abrindo o capital.

Como vimos, nem toda oferta pública de ações é uma oferta inicial. Pode existir uma oferta pública de ações que seja primária, mas não inicial. É o caso de empresas que já têm capital aberto (já têm ações na Bolsa), mas querem captar mais recursos para aumentar seu capital social. Nesse caso, também há captação de recursos pela empresa, mas não é a primeira captação.

E pode existir também uma oferta pública de ações apenas secundária, na qual um grande acionista coloca suas ações à venda. Neste caso, não há captação de recursos pela empresa, apenas venda de ações entre investidores.

CUIDADOS ADICIONAIS EM IPOs

Em um IPO, existem cuidados adicionais a serem tomados. Isso porque, antes do lançamento, o investidor não dispõe de muitas informações sobre a companhia — já que ela está entrando no mercado naquele momento e, a partir daí, estará submetida às regras de transparência exigidas para empresas de capital aberto.

Em função dessa situação, pode existir um risco maior de avaliações incorretas em comprar ações que nunca foram negociadas. É preciso conhecer bem os fundamentos da empresa. Isso implica se dedicar um pouco mais a entender relatórios enormes sobre os quais o investidor talvez ainda não tenha domínio e talvez nem queira ter.

Alguns investidores individuais e institucionais, como gestores de fundos, optam por não entrar em IPOs justamente por conta disso. No entanto, uma série de outros investidores individuais e institucionais não enxergam o IPO como um motivo definitivo para não comprar ações de uma empresa e avaliam caso a caso, podendo participar ou não da oferta.

É importante saber que existe um período de silêncio a ser cumprido antes de uma Oferta Pública Inicial de Ações, no qual as instituições envolvidas no processo de IPO não podem fornecer maiores informações ou fazer comentários sobre a companhia. Mas nada impede que o investidor busque serviços de análise independente com recomendações sobre a oferta e, assim, formule melhor sua decisão.

Existe também a documentação oficial do IPO, que é oferecida ao mercado e aos investidores por meio de um material publicitário aprovado pela CVM com todos os detalhes.

REMUNERAÇÃO DO ACIONISTA

E como um investidor em ações (acionistas) ganha dinheiro investindo em ações? Existem, basicamente, cinco formas de remuneração:

- ◆ Ganho de capital.
- ◆ Dividendos.
- ◆ Juros sobre capital próprio.
- ◆ Bonificações.
- ◆ Subscrição.

GANHO DE CAPITAL

Decorre da oscilação — valorização ou desvalorização — do preço da ação no mercado em relação ao preço pago. Por exemplo, quando se adquire uma ação a R$10,00 e, tempos depois, ela se valoriza para R$12,00, esse é o ganho de capital. Por outro lado, se essa ação cai para R$9,00, dará prejuízo ao investidor.

DIVIDENDOS

Trata-se de uma remuneração em dinheiro distribuído ao acionista como participação nos resultados da companhia, na proporção da quantidade de ações possuídas. É isento de IR, pois a empresa já pagou os impostos.

Em cada exercício, o acionista tem direito a receber os dividendos, cujo valor mínimo é estabelecido no estatuto de cada companhia.

Muitos investidores gostam de investir em empresas que pagam dividendos gordos, mas é importante entender que uma empresa que paga mais dividendos investe menos em seu próprio crescimento do que outras que pagam menos dividendos. Então simplesmente pagar muito dividendo não significa necessariamente uma empresa melhor para investir.

Empresas que pagam bons dividendos, em geral, já receberam grandes investimentos no passado e hoje podem ter possibilidade de ganho de capital menor que outras empresas que estão em franca expansão, reinvestindo os lucros no próprio negócio — e, muitas vezes, pagando menos dividendos.

JCP — JUROS SOBRE CAPITAL PRÓPRIO

É uma remuneração alternativa da empresa ao acionista, limitada ao valor da TJLP (taxa de juros de longo prazo — atual TLP). A diferença em relação aos dividendos é que, no JCP, o IR sobre o valor é recolhido pelo acionista, e a empresa deduz da base de cálculo do IR e CSLL.

Na prática, os JCPs entram como uma despesa na contabilidade da empresa — diferente dos dividendos, que são uma parte do lucro.

BONIFICAÇÕES

Consistem na incorporação de reservas de lucro ao capital social, mediante emissão de novas ações distribuídas gratuitamente aos acionistas em número proporcional àquelas que já se tem. Com isso, há um aumento da quantidade de ações, sem alterar o valor do patrimônio líquido.

SUBSCRIÇÃO

É o direito dado ao acionista na aquisição de novas ações emitidas pela empresa quando a companhia tem o objetivo de captar mais recursos. É uma forma de o acionista evitar a diluição na participação do capital da empresa — como já falamos anteriormente.

Esses bônus de subscrição, muitas vezes, podem ser negociados em Bolsa. Nesses casos, a empresa capta recursos dos próprios acionistas, que podem escolher ou não comprar mais ações da empresa.

Enquanto o investidor decide se comprará ou não as ações, tal direito fica registrado em seu nome. Caso o investidor decida não comprar novos papéis da empresa, ele pode negociar os bônus de subscrição no mercado e vendê-lo a outros investidores.

É preciso ficar atento às subscrições, pois, muitas vezes, o investidor não entende o processo de subscrição e acaba ignorando seu direito enquanto acionista. Nesses casos, o investidor acaba perdendo dinheiro, pois não exerce seu direito no prazo estipulado em que o direito de subscrição expira e tampouco o vende.

OUTROS EVENTOS

Existem outros eventos importantes que precisam ser conhecidos pelos investidores, pois podem modificar a quantidade de ações que ele tem.

Desdobramento ou Split

É a distribuição gratuita de novas ações feita por meio da diluição do capital em aumento do número de ações sem contrapartida financeira. Tem como objetivo aumentar a liquidez dos títulos no mercado.

Imagine que uma ação de uma empresa custe R$100,00, e o lote padrão de 100 ações para negociação custe R$10 mil. Uma posição dessa proporção pode ser bastante elevada para investidores iniciantes, que não têm grande capital para investimentos.

Para atrair investidores menores e maior volume de acionistas, as empresas diluem o capital e aumentam o número de ações — incrementando, também, a liquidez.

O que aconteceria se a empresa resolvesse fazer um Split de dez vezes?

No caso de um investidor que já tivesse, antes do Split, 1.000 dessas ações ao valor de R$100,00 cada (montante financeiro de R$100 mil), passaria a ter 10 mil ações de R$10,00 cada — não alterando, portanto, o capital investido, que continuará sendo R$100 mil. Veja a Tabela 5.

TABELA 5		
EXEMPLO	Posição Atual	Posição após o Split
Quantidade de ações	1.000	10.000
Valor Unitário	R$100,00	R$10,00
Capital Investido	R$100.000,00	R$100.000,00

Já os novos investidores que desejarem adquirir ações da empresa poderão comprá-las por R$10,00 cada papel, e não mais por R$100,00, reduzindo o investimento em um lote de 100 ações de R$10 mil para R$1.000,00.

Grupamento ou Inplit

O Inplit é o evento inverso ao Split. É quando ocorre uma redução proporcional do número de ações em circulação sem alteração do capital. O valor de mercado da ação aumenta, mas as participações se mantêm inalteradas.

Normalmente, isso ocorre quando os valores das ações de uma empresa caem demasiadamente, levando a companhia a oferecer um lote mais atrante para os investidores. Veja a Tabela 6 de acordo com a ocorrência de um Inplit em dez vezes.

TABELA 6		
EXEMPLO	Posição Atual	Posição após Inplit
Quantidade de ações	100.000	10.000
Valor Unitário	R$1,00	R$10,00
Capital Investido	R$100.000,00	R$100.000,00

RISCOS E GOVERNANÇA CORPORATIVA

Podemos concluir que o investimento em ações não tem o risco de crédito, já que, ao investir em ações, o investidor não está emprestando qualquer valor — como faria com um título de renda fixa — com a promessa de recebê-lo de volta no futuro, acrescido de uma taxa de juros. Ao investir em ações, o posicionamento é de sócio, não de credor.

RISCOS INERENTES AO INVESTIMENTO EM AÇÕES

Risco Inerente à Própria Empresa

Ao optar por comprar as ações de uma empresa KLMN, o investidor estará exposto aos riscos do próprio sucesso dessa mesma empresa em seu mercado de atuação. Então, a expectativa é a de que a empresa seja competitiva em seu mercado, melhore margens, lucros, vendas, desenvolva novos produtos, seja superior à concorrência, tenha maior participação de mercado e outros desafios normais da atividade empresarial.

Sendo bem-sucedida, os resultados financeiros crescerão, e, dessa forma, a remuneração ao acionista tende a ser melhor via JCP,[3] dividendos ou mesmo via ganho de capital, já que empresas bem-sucedidas são mais bem avaliadas pelo mercado financeiro, de maneira que suas cotações tendem a ser bem-sucedidas também.

Por outro lado, se a empresa perde mercado, diminui lucratividade e, consequentemente, produz resultados financeiros ruins, o efeito contrário será observado.

Esse é, portanto, o risco inerente à própria empresa escolhida pelo investidor, porque se refere a seu desempenho e sua capacidade em seu mercado de atuação. Se ela for bem, melhor para o acionista. Se for mal, pior para o acionista.

Uma das maneiras de mitigar parte do risco inerente à própria empresa é a diversificação. Investidores que têm investimentos concentrados em apenas uma empresa terão todo o risco de sua carteira relacionado ao sucesso de uma única

---

3.   JCP = Juros sobre capital próprio.

empresa. Já investidores que diversificam a carteira estão mais protegidos quanto a esse tipo de risco, porque, caso uma das empresas investidas não vá bem, existem outras que podem compensar eventuais perdas.

Risco de Mercado

O risco de mercado se relaciona às variações de preços ocorridas diariamente no mercado acionário. A Bolsa de Valores é como uma feira, onde se reúnem diversos proprietários (investidores) de ações de empresas com a finalidade de negociar suas ações.

Então, a cada negociação fechada, esse novo preço passa a ser a referência para o mercado, e, dessa forma, devido a essas oscilações naturais da renda variável, o investidor pode ver os preços de seus ativos diminuírem.

Existem alguns fatores que se destacam nesta situação: (a) horizonte do investimento e (b) expectativas equivocadas.

O horizonte do investimento (a) em ações deve ser sempre de longo prazo, justamente porque flutuações diárias de preço podem gerar prejuízos ao investidor caso ele precise do dinheiro para saldar compromissos financeiros de curto prazo. Portanto, a ideia do investimento em ações é a de sempre utilizar dinheiro que não está comprometido com necessidades diárias ou gastos próximos, como viagem, troca de carro, pagamento de parcelas ou quitação de imóveis, despesas de casamento etc.

Já as expectativas equivocadas (b) normalmente ocorrem em períodos de alta no mercado acionário, quando investidores ingressam sem muita experiência, seduzidos por ganhos recentes e pela proliferação das informações otimistas relativas ao mercado de ações. Esse comportamento existe desde que existem as Bolsas de Valores e sempre se repete.

Atualmente, muitos creditam o crescimento de investidores na Bolsa de Valores nos últimos anos ao suposto trabalho de disseminação de informação na internet, via educadores financeiros online (no qual eu mesmo me incluo). Mas uma observação mais ampla mostra que períodos de crescimento da Bolsa, em qualquer época e em diversos países, ao longo de mais de um século, favorecem a disseminação de informações sobre ganhos e atrai multidões de novos investidores. O grande lance aqui é que novos investidores podem chegar ao mercado com expectativas irreais, pensando que o investimento em ações é um investimento com resultados sempre positivos e expressivos, e o que se observa é que, ao fim de períodos de altas consecutivas, vem a frustração de muitos desses iniciantes.

Essas mesmas expectativas equivocadas fazem com que alguns empolgados peguem empréstimos para investir em ações ou invistam sem a mentalidade adequada, esperando retirar retornos diários e frequentes do mercado e, por isso, começam a usar dinheiro que não é de longo prazo, aumentando ainda mais seus riscos.

Observe a evolução do total de pessoas físicas com CPF cadastrado na B3 no Brasil de 2002 até 2019. Os dados de quantidade de pessoa física são fornecidos pela própria B3[4], com data de referência no dia 30/12/2019. E os dados de rentabilidade anual do IBOV também são fornecidos pela B3.[5]

TABELA 7		
Ano	Total de pessoas físicas	% IBOV
2002	85.249	-17,01
2003	85.478	97,33
2004	116.914	17,81
2005	155.183	27,71
2006	219.634	32,93
2007	456.557	43,65
2008	536.483	-41,22
2009	552.364	82,66
2010	610.915	1,04
2011	583.202	-18,11
2012	587.165	7,40
2013	589.276	-15,50
2014	564.116	-2,91
2015	557.109	-13,31
2016	564.024	38,93
2017	619.625	26,86
2018	813.291	15,03
2019	1.678.754	31,58

4. http://www.b3.com.br/pt_br/market-data-e-indices/servicos-de-dados/market-data/consultas/ mercado-a-vista/historico-pessoas-fisicas/
5. http://www.b3.com.br/pt_br/market-data-e-indices/indices/indices-amplos/indice-ibovespa-ibovespa-estatisticas-historicas.htm

Note que, no período de 2003 a 2010, o número de pessoas físicas na Bolsa foi de 85.478 para 610.915, ou seja, um crescimento de 614,70%. E observe também que, no período de 2016 a 2019, o número foi de 564.024 para 1.678.754, ou seja, um crescimento de 197,63%.

Agora observe que no período de 2003 a 2010, a Bolsa registrou simplesmente sete anos positivos contra um negativo. E observe também que, entre 2016 e 2019, a Bolsa registrou os quatro anos de desempenho positivo.

Note que do ano de 2011 ao ano de 2015, quando a Bolsa caiu em quatro dos cinco anos, o número de investidores pessoa física não apenas deixou de subir, como diminuiu, de 610.915, em 2010, para 557.109, em 2015, ou seja, uma retração de 8,80%.

O que concluo dessa situação é: a afirmação de que a difusão da educação financeira na internet fomentou o aumento de investidores na Bolsa não passa de uma falácia, é puro marketing.

Trata-se de uma flagrante inversão de causa e efeito. Não é a popularidade dos temas relacionados a educação financeira na internet que produz mais investidores na Bolsa. É o contrário: é a alta de mercado que explica, historicamente, o crescimento de investidores na Bolsa e, consequentemente, o aumento do material disponível na internet sobre o tema, já que há mais demanda para esse tipo de informação.

Essa constatação é importante, porque traz à tona o componente comportamental do investidor. E esse componente comportamental tende a agravar ainda mais o risco de mercado para os indivíduos.

O componente comportamental é tão claro, que praticamente toda a contribuição dos grandes investidores ao longo do tempo por meio de livros, apresentações e entrevistas sempre trouxe *insights* relacionados. É possível estudar sobre economia comportamental nos trabalhos de Daniel Kahneman[6] e Richard Thaler,[7] que tratam diretamente do tema, mas também encontrar nas publicações de Peter Lynch, Warren Buffet, Benjamin Graham, Philip Fisher, Nassim Taleb, entre outros não menos importantes, que sempre tangenciam o tema comportamental.

---

6. Sugiro o livro *Rápido e devagar — Duas formas de pensar!*
7. Sugiro o livro *Misbehaving*.

Há também diversos profissionais no Brasil e no exterior, inclusive gestores de grandes fundos de investimento, que insistem na ideia de que a volatilidade (oscilação dos preços dos ativos) não deve ser observada como uma medida de risco. Mais importante que a volatilidade seria observar mais de perto o risco inerente aos ativos e, no caso das ações, os riscos inerentes à própria empresa. Para isso, o investidor precisa se conectar não com os preços de suas ações, mas com a realidade do que acontece nas empresas e com como anda seu desempenho empresarial.

Se o investidor está investindo em ações da maneira correta, com objetivo de longo prazo e com planejamento financeiro também de longo prazo para essa parcela do capital, o que se observa é que os preços devem se convergir para os fundamentos empresariais ao longo do tempo, de maneira que é preciso paciência e talvez que se ignorem movimentos de curto prazo.

Concordo totalmente com essa visão, e é, inclusive, a que eu mesmo utilizo para meus investimentos pessoais. No entanto, entendo que a volatilidade se torna uma medida de risco caso o investidor não se conecte com a ideia de que o investimento em ações é um investimento em empresas nem se vicie na observação das alterações de preços na Bolsa e, também, caso o investidor não use realmente um capital com planejamento de longo prazo, o que o faria se desesperar em caso de quedas e tomar decisões precipitadas, coisa que eu mesmo vi ao longo dos anos em que atendi investidores e gerenciei equipes de assessores de investimentos que atendiam investidores.

Portanto, de maneira mais objetiva, o risco de mercado é o risco relacionado à variação dos preços dos ativos e dos prejuízos que isso pode causar ao investidor. Porém, tenho a convicção de que essas oscilações trazem o fator comportamental de maneira indissociável. Não é todo mundo que tem o temperamento adequado para se manter em suas convicções quando o mercado de ações desaba mais de 40% em um único ano, como em 2008, e isso sempre é uma possibilidade real.

Na Parte II, explicarei o método de alocação que permitirá ao investidor saber exatamente qual parcela do capital e quando utilizar a renda variável em seus investimentos.

Risco de Liquidez

O risco de liquidez é o risco que um investidor pode encontrar ao ter de se desfazer de uma ação no mercado e não encontrar oferta de compradores nos preços condizentes e, assim, ser obrigado a vender a preços mais baixos para liquidar a posição.

O exemplo mais didático sobre risco de liquidez que uso é de fora do mercado de ações, mas ilustra bem: caso um indivíduo possua um imóvel de valor aproximado de R$1 milhão e precise transformar esse imóvel em dinheiro com velocidade, pode ser que ele não encontre, de imediato, compradores por esse preço. Mas pode ser que encontre compradores por R$900 mil, e a diferença de R$100 mil seria justamente ocasionada por uma falta de liquidez no momento da venda. Pode ser, inclusive, que o vizinho também queira vender o imóvel, mas dispõe de tempo para encontrar um comprador que pague R$1 milhão, e, assim, o risco de liquidez é afastado.

Existem ações que são mais negociadas do que outras e, por isso, têm maior liquidez. Nas compras e vendas de ações, existe uma tela no home broker[8] das instituições financeiras que mostra as ofertas de compra e venda de cada ação (Figura 9). Usando duas ações para fins ilustrativos, podemos verificar que o fato de as ações da Petrobras serem mais negociadas do que as ações do Banco Banestes faz com que a diferença de preços entre compradores e vendedores das duas ações seja diferente.

Enquanto as ações **PETR4** têm apenas 1 centavo de diferença entre comprador e vendedor (olhar na primeira linha do book), com oferta de compra a R$28,93 e oferta de venda a R$28,94, as ações **BEES3** têm 7 centavos de diferença, com oferta de compra a R$7,41 e oferta de venda a R$7,48. Observe também a coluna de ofertas. Veja que a quantidade de ofertas em cada faixa de preço é muito maior em **PETR4** do que em **BEES3**. E, por fim, observe também a coluna de quantidade de ações nas ofertas e observe como são muito maiores em **PETR4**, de maneira que mesmo que um investidor tenha de se desfazer de um montante financeiro elevado, ele tem uma liquidez bem melhor do que em **BEES3**.

É importante lembrar que ter maior liquidez não significa que a empresa tenha maior qualidade (pode ter ou não) como investimento, mas, sim, que suas ações são mais negociadas.

---

8.   Plataforma de compra e venda de ações disponibilizada por instituições financeiras aos investidores.

PETR4	28,94	PETROBRAS			
PETROBRAS PN N2	+1,08%				

48,21%					51,79%
OFERTAS	QTD	COMPRA	VENDA	QTD	OFERTAS
17	13,1K	28,93	28,94	6.8K	10
15	22K	28,92	28,95	46.1K	14
16	17.5K	28,91	28,96	52.1K	27
28	50.1K	28,90	28,97	47.9K	23
21	68.9K	28,89	28,98	45K	20
22	41.7K	28,88	28,99	54.4K	22
22	102.1K	28,87	29,00	154.5K	53
15	40.8K	28,86	29,01	111.7K	17
25	41.4K	28,85	29,02	45.7K	19
15	71.3K	28,84	29,03	70.9K	19
16	56.1K	28,83	29,04	20.3K	15
20	41.2K	28,82	29,05	45.5K	23
24	98.6K	28,81	29,06	13.3K	12

BEES3	7,48	BANESTES			
BANESTES ON EJ	+2,47%				

22.55%					77.45%
OFERTAS	QTD	COMPRA	VENDA	QTD	OFERTAS
1	100	7,41	7,48	900	2
1	500	7,40	7,49	900	1
1	1K	7,39	7,50	3K	6
1	100	7,35	7,54	300	1
1	1K	7,31	7,56	600	1
1	100	7,30	7,57	100	1
1	500	7,27	7,58	2.1K	2
1	100	7,21	7,59	2.7K	5
1	100	7,20	7,60	8.1K	4
1	1K	7,19	7,63	100	1
1	200	7,14	7,64	300	1
1	1.2K	7,12	7,65	700	2
1	300	7,11	7,69	1.5K	1

Figura 9

Risco de Alavancagem

Alavancar é utilizar mais recursos do que se tem, e isso é perfeitamente possível no mercado financeiro, especificamente no mercado de ações. Existem algumas operações mais avançadas que permitem aos investidores fazer alavancagem de suas posições, o que possibilita a busca por ganhos ainda maiores, mas trazendo a possibilidade de perdas também maiores.

Tomando por base um investidor que tem R$100 mil investidos em ações e, por estar muito otimista com as perspectivas para a bolsa, queira alavancar em cinco o seu patrimônio investido, teríamos a seguinte situação:

- ◆ **Patrimônio do investidor:** R$100 mil
- ◆ **Alavancagem:** 5 vezes
- ◆ **Posição de investimentos no mercado:** R$500 mil

Se o investimento alavancado tivesse uma valorização de 20% ao longo de um determinado período, esse mesmo investidor teria uma rentabilidade de R$100 mil, que equivale aos 20% sobre R$500 mil em investimentos. Mas se considerarmos que o patrimônio inicial do investidor é, na verdade, de R$100 mil, então ele obteve um lucro de 100% sobre o próprio patrimônio no mesmo período, ou seja, dobrou o capital em função da alavancagem.

Em outro cenário, caso o investimento alavancado tivesse uma desvalorização de 20% no mesmo período, esse investidor teria um prejuízo de R$ 100mil, que equivale a 20% sobre os R$500 mil em investimentos. Considerando que o patrimônio do investidor era, na verdade, de R$100 mil, então ele perdeu todo o capital investido e estaria "eliminado do jogo".

Um investidor que não alavancasse, no primeiro cenário, teria ganhos de R$20 mil (20% sobre R$100 mil), e no segundo caso, teria um prejuízo de R$20 mil e ainda teria R$80 mil, podendo inclusive permanecer na posição e não ser "eliminado do jogo".

Portanto, o risco de alavancagem nada mais é do que a possibilidade de ampliação de perdas caso o mercado caminhe contra a posição assumida pelo investidor. É interessante observar que, mesmo que a decisão estivesse correta e, após a queda de 20%, o respectivo investimento viesse a se recuperar e subir mais 100%, o investidor alavancado não teria como se beneficiar, pois, ao ter seu patrimônio zerado na queda inicial, estaria fora do mercado. Ao passo que o investidor não alavancado que tivesse inicialmente 20% de perdas, vendo seu patrimônio cair de R$100 mil para R$80 mil, posteriormente, por continuar posicionado, poderia ver a recuperação e uma valorização de 100%, levando o investimento de R$80 mil para R$160 mil.

Existe também a possibilidade de ocorrência de eventos inesperados. Imagine que um investidor esteja alavancado em sua posição e, em um fim de semana, algum acontecimento grave ocorre e as ações que ele tem já abrem na segunda-feira com grande queda. Ou um terrível episódio como o de 11 de setembro de 2001 nos EUA. Ou a queda da barragem de uma mineradora, tal como ocorrido com a VALE no ano de 2019, tendo suas ações se desvalorizado rapidamente, acima de 20% em poucos dias.

Repare, portanto, que estar posicionado em ações já pressupõe o risco de mercado. Porém, estar alavancado pressupõe um risco não apenas de mercado, mas também da alavancagem.

Risco Diversificável

Existem alguns tipos de risco, como o risco inerentes à empresa, que podem ser diversificáveis e, portanto, reduzidos. O mesmo ocorre com o risco de mercado, quando a diversificação permite que diversas oscilações de investimentos em conjunto produzam mecanismos de proteção. Esse é o chamado risco diversificável.

Risco Não Diversificável

Esta parcela do risco é aquela que se abate sobre praticamente todas as ações ao mesmo tempo, como na crise do *subprime* de 2008 nos mercados acionários globais. Nesse caso, não importa o quão diversificada estivesse uma carteira de ações, pois praticamente todas elas sofreram com a situação. Períodos de crise econômica no país tendem a afetar um maior número de ações, já que os lucros das empresas como um todo é pressionado. Porém, sempre há segmentos que conseguem seguir crescendo em tais cenários, assim como segmentos que estão mais expostos a compradores do exterior e são menos afetados por crises internas.

GOVERNANÇA CORPORATIVA

Entende-se por governança corporativa o conjunto de práticas e relacionamentos entre os acionistas, conselho de administração, diretoria, auditoria independente e conselho fiscal, com as seguintes finalidades:

- ◆ Otimizar o desempenho da empresa: uma vez que, quanto maior e melhor as informações sobre a empresa, maior a segurança do investidor em relação à companhia.
- ◆ Facilitar seu acesso às fontes de capital: ou seja, a financiamentos, sejam eles quais forem (na tomada de crédito, oferta de ações etc.).
- ◆ Proteger os investidores e demais partes interessadas: fundamentando melhor a tomada de decisão.

A análise das práticas de governança corporativa aplicadas ao mercado de capitais envolve a transparência na prestação de informações ao público em geral e a equidade de tratamento dos acionistas.

Níveis de Governança Corporativa

Existem diferentes níveis de governança corporativa das empresas listadas em Bolsa, e, por isso, cada empresa é classificada em um desses níveis. Com essa classificação, que é pública, todo o mercado tem a informação sobre qual é o nível de compromisso com governança de cada empresa.

A classificação das empresas é feita em Nível 1, Nível 2 e Novo Mercado, sendo este último o de maior transparência.

Cada empresa precisa se comprometer voluntariamente a seguir padrões, além dos já exigidos pela lei das S.A., para ser classificada nos níveis citados.

No site da B3,[9] existe a informação da classificação de cada uma das empresas listadas em Bolsa, bem como as diferentes exigências para cada segmento.

Existem também outros dois segmentos, Bovespa Mais e Bovespa Mais 2, que são formados por empresas que querem, dentro de um determinado prazo, realizar o IPO, fazendo as implementações dos padrões exigidos de maneira gradual.

CANAIS DE INVESTIMENTO

COMO COMPRAR E VENDER AÇÕES

As ações devem sempre ser adquiridas por meio da intermediação de uma corretora de valores ou de um banco — e, por isso, o investidor deve ter um cadastro em uma instituição que lhe forneça tal serviço.

Uma vez com o cadastro já feito e com recursos disponíveis, as ordens de compra e venda podem ser dadas da seguinte forma:

- ◆ Por meio de assessores e/ou corretores de ações: a ordem de compra e/ou venda de uma ação pode ser feita por telefone (ligações gravadas) e e-mail.
- ◆ Por meio de agências bancárias: atendimento recebe a ordem e executa ou direciona o investidor para o atendimento específico da mesa de ações.
- ◆ Por meio do home broker: pela internet, por meio de comando direto via sistema disponibilizado ao investidor que dá acesso direto às negociações na Bolsa de Valores.

Dependendo do nível de familiaridade que o investidor tem com o home broker, é natural que alguns optem sempre por concentrar as ordens via atendimento de corretores, enquanto outros preferem executar suas próprias ordens diretamente.

---

9. http://www.b3.com.br/pt_br/produtos-e-servicos/solucoes-para-emissores/segmentos-de-listagem/sobre-segmentos-de-listagem/

Entendo que, ao executar as ordens diretamente, o investidor é estimulado a aprender a manusear o home broker e a compreender melhor o mercado, além da autonomia e praticidade do processo.

Atualmente, com o avanço tecnológico, é perfeitamente possível fazer uma compra ou venda de qualquer lugar pelo aplicativo da instituição financeira (com funções similares às do home broker) diretamente no celular, com total praticidade e autonomia, tal qual pedir uma entrega de comida ou um serviço de transporte (táxi ou particular).

Para um investidor cujo tempo é escasso em função de sua atividade profissional, basta abrir o aplicativo no horário de almoço ou dentro de um táxi a caminho do aeroporto.

Além dessa praticidade, é importante observar que o custo operacional (taxa de corretagem) pode ser menor com a ordem direta do investidor no home broker ou no celular do que no caso de outras opções disponíveis que envolvem a intermediação de um ser humano.

Por outro lado, dependendo do nível de especialização da instituição financeira que presta o serviço, conversar com o atendimento permite a troca de informações que podem ser úteis na tomada de decisão.

HORÁRIOS DAS NEGOCIAÇÕES

O horário de negociação atualmente vigente no pregão regular da Bolsa de Valores do chamado "mercado a vista" é o seguinte:

Negociação: das 10h às 17h55[10]

O horário do pregão pode ser modificado pela B3 em função de situações como o horário de verão (quando houver) ou influência também das alterações de horário do pregão dos EUA.

Sempre que existem modificações assim, a B3 pode alterar os horários, e isso é informado a todo o mercado por meio de seu site.

---

10. Horário do momento em que o livro é escrito. Para consultar atualizado, visite: <http://www.b3.com.br/pt_br/solucoes/plataformas/puma-trading-system/para-participantes-e-traders/horario-de-negociacao/acoes/>.

Existem também outros mercados negociados na B3 que têm diferentes horários e que podem ser consultados diretamente no site da B3.

CUSTOS OPERACIONAIS

Pelo serviço de intermediação, as instituições envolvidas no mercado cobram tarifas do investidor, gerando custos operacionais. São eles:

Taxa de Corretagem

A taxa de corretagem é cobrada pela instituição financeira (corretora ou banco) pela intermediação das negociações. Normalmente, ela é cobrada de uma das duas maneiras:

◆ Percentual sobre o montante financeiro de uma negociação executada.
◆ Valor fixo por ordem executada.

Em função do avanço tecnológico e da competição, algumas instituições financeiras estão trabalhando com taxa zero de corretagem. Porém, cabe ao investidor fazer um balanço que envolva qualidade de serviço e custo que atenda à sua necessidade específica.

Taxa de Custódia

A taxa de custódia é normalmente um valor mensal cobrado do investidor pela instituição financeira, que corresponde aos serviços de registro das operações na Bolsa de Valores em nome do investidor. Normalmente, é um custo fixo e independe do volume financeiro movimentado.

A boa notícia é que esse custo também foi praticamente eliminado de todo o mercado brasileiro em função da concorrência.

Emolumentos

Os emolumentos não são cobrados pela instituição financeira intermediária, mas pela própria B3 para remunerar toda a estrutura necessária para que as negociações na Bolsa de Valores ocorram. São cobrados por conta dos negócios de compra e venda realizados pelo investidor, por meio de seus sistemas.

O valor dos emolumentos é o percentual sobre o volume financeiro transacionado e pode ser verificado também no site da B3.[11]

Prazos de Liquidação

Quando um investidor fecha uma compra ou venda de uma ação, existe um prazo para que o dinheiro seja retirado de sua conta e o ativo seja transferido eletronicamente para seu CPF. Para a compreensão desse processo, é necessário entender a diferença entre a liquidação física e a financeira.

Liquidação Física

Suponha que um determinado investidor (A) comprou uma ação de outro investidor (B). Nessa situação, é preciso que a operação seja registrada e que os ativos, antes de posse do investidor B, sejam transferidos para o investidor A. Esse processo é chamado de liquidação física.

Liquidação Financeira

Seguindo o mesmo exemplo da negociação citada, é preciso também que o dinheiro referente à negociação seja debitado da conta do investidor A e creditado na conta do investidor B. Essa é a liquidação financeira.

PRAZOS DE LIQUIDAÇÃO NO MERCADO À VISTA

- ◆ **D+0:** dia da operação.
- ◆ **D+1:** prazo para os intermediários especificarem as operações.
- ◆ **D+2:** liquidação física e financeira da operação.

Embora a liquidação ocorra sempre em D+2, nada impede que o investidor negocie as ações adquiridas imediatamente após sua compra. No caso de negociações abertas e encerradas no mesmo dia (day trade), existirá apenas a liquidação financeira — não havendo a liquidação física, pois o investidor adquiriu e se desfez de uma ação no mesmo dia e, por isso, nenhuma ação precisará ficar registrada em seu nome.

---

11. http://www.b3.com.br/pt_br/produtos-e-servicos/tarifas/listados-a-vista-e-derivativos/renda-variavel/
tarifas-de-acoes-e-fundos-de-investimento/a-vista/

TOMADA DE DECISÃO EM AÇÕES: ESCOLAS DE ANÁLISE

Uma vez que os conceitos básicos do investimento em ações foram expostos, chegamos ao momento em que o investidor se pergunta: tudo bem, mas como vou escolher as ações para investir?

Não é o objetivo do livro esmiuçar o processo de escolha de ações, pois esse tema está amplamente coberto por bibliografia específica. Mais importante do que encontrar as melhores ações é a alocação de ativos do investidor de maneira estratégica (ou seja, como distribuir todos os investimentos em uma carteira), pois é a alocação que levará ao alcance dos objetivos da vida real e será responsável por cerca de 90% do resultado do investidor.

Mas algumas distinções de métodos de escolha de ações são importantes também para a formulação de uma boa estratégia de investimento, e por isso, convém discutir um pouco o assunto.

Existem duas grandes escolas de análise para a tomada de decisão de investimento em ações. Cada investidor, em seu íntimo, se identifica mais fortemente com uma delas e então se aprofunda no estudo específico. Há também investidores — e até mesmo analistas de mercado — que consideram possível o uso de uma fusão de ambas.

O que observei em minha experiência de mercado financeiro, lidando com investidores e interagindo com analistas, gestores de fundos e traders profissionais, é que uma delas acaba prevalecendo, e a fusão de ambas, se não for muito bem definida, pode gerar ansiedade para o investidor.

É importante que fique muito claro que o processo de investimento em ações deve ser construído individualmente ao longo do tempo por cada investidor, incorporando — de acordo com a experiência e aprendizado — novas visões, incrementando novos indicadores e descartando outros, de acordo com sua própria jornada.

O que precisa ficar muito claro é que, quando se refere à renda variável (e a investimentos de uma maneira geral), não há receita. Não há um único jeito de fazer e não há um jeito certo. E por que não há jeito certo? Porque resultados de investimentos estão em um lugar chamado futuro, sendo esse lugar totalmente desconhecido e imprevisível para absolutamente qualquer investidor, até mesmo para os mais ricos do planeta, como eles mesmos já cansaram de declarar.

Cada investidor tem diante de si uma tela em branco para, ao longo do tempo, desenvolver sua própria abordagem, utilizando a vasta produção de conteúdo disponível em livros, relatórios, pesquisas, sites gratuitos, mas não como regra, e sim como *insights*. E é o conjunto desses *insights* e sua aplicação prática pelo investidor que vão talhando o método individual. Não há, de fato, certo e errado, melhor ou pior, mas existem práticas que foram mais bem-sucedidas ao longo do tempo em dadas circunstâncias, e a humildade é necessária para que sejam consideradas.

ESCOLA DE ANÁLISE TÉCNICA

Como vimos anteriormente, os ativos em renda variável apresentam oscilações que são frutos dos preços atribuídos a cada instante por conta das negociações na "feira de ativos", que é a Bolsa de Valores.

Essas oscilações de preços podem gerar oportunidades de ganhos de capital (e riscos de perdas), uma vez que eles se movimentam diariamente para cima e para baixo. O investidor que adota a análise técnica como ferramenta de decisão não está interessado em saber dos fundamentos de uma empresa, se ela tem lucro, se ela tem dívidas, se ela desenvolve uma atividade promissora, se está em crescimento ou em declínio. O que quer é tentar capturar oportunidades de ganhos com essas oscilações de preços.

Uma das premissas é a de que todos os fatores e as expectativas dos agentes de mercado estariam representados nos preços de momento, e, portanto, analisar e estudar estatisticamente essas oscilações permite encontrar oportunidades de compras e vendas e, assim, obter ganhos.

Muito se deve no estudo da análise técnica à chamada Teoria de Dow, que reuniu todos os editoriais de Charles Henry Dow (1851-1902), jornalista norte-americano cofundador da Dow & Jones Company e do *Wall Street Journal*, juntamente com Edward Jones.

Pela teoria, os preços negociados em Bolsa descontam todos os fatores, exceto fatores imponderáveis não pertinentes aos mercados, tais como terremotos, tsunamis, furacões e ataques terroristas. Sendo assim, os preços dos ativos seriam o resultado da atividade de milhares de investidores que compram ou vendem com suas milhares de expectativas.

Dessa maneira, em tese, não haveria necessidade de o investidor monitorar informações ao redor do planeta, pois tudo seria precificado, bastando, para isso, concentrar-se no estudo dessas oscilações de preços.

Segundo a teoria, os preços se movimentam em três tendências de mercado, que são:

Tendência primária

◆ Movimento principal (normalmente longo).
◆ Leva à grande valorização ou desvalorização dos ativos.

Tendência secundária

◆ Movimento intermediário.
◆ Não altera a trajetória principal.

Tendência terciária

◆ Pequenas oscilações.
◆ Reforçam ou contrariam o movimento principal.

Muitas vezes, um determinado ativo pode estar em tendência primária de alta, mas devido a tendências secundárias ou terciárias, pode ter momentos de quedas eventuais, mantendo-se em baixa por um período, antes de voltar à tendência principal. Em outras palavras: é a ideia de que mesmo em uma tendência de alta, um mercado não se move em linha reta, apresentando oscilações para cima e para baixo, de maneira que, em uma visão mais ampla, apresente claramente uma elevação de preços.

O investidor que utiliza a análise técnica pode encontrar oportunidades nessas tendências e, assim, efetuar compras e vendas para se beneficiar desses movimentos mais curtos.

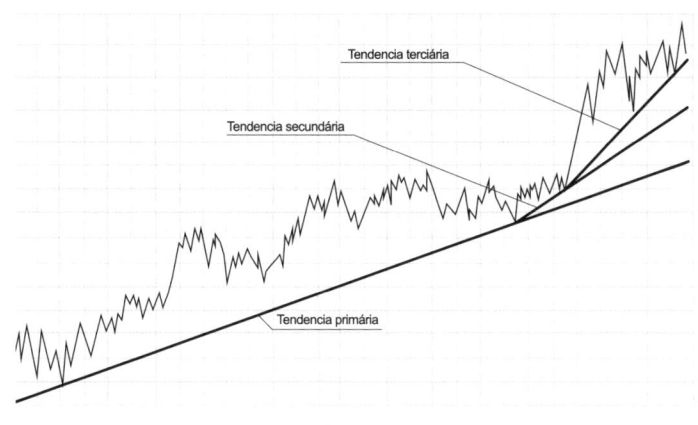

Figura 10

Segundo a Teoria de Dow, existem três fases do mercado de alta: acumulação, alta e euforia.

Acumulação

Nesta situação, o papel pode oscilar em uma mesma faixa de preço por um longo período e se manter em lateralidade, sem subir ou descer muito.

Alta

Informações positivas começam a chegar no mercado e a impulsionar os preços das ações. Em decorrência disso, investidores, com expectativas renovadas, compram as ações por preços cada vez mais elevados, e o mercado, que antes se encontrava em uma fase de acumulação, passa a subir de uma maneira clara, consolidando uma tendência definida de alta.

Euforia

Com a sequência de boas notícias e das valorizações recentes, o mercado "fervilha", e o volume de negócios aumenta consideravelmente. A euforia dos investidores induz outros a aproveitar a oportunidade de ganhos elevados, e, nesta situação, muitos novatos ingressam no mercado tomando decisões sem as racionalizar ou analisar suas posições.

Já no mercado de baixa, existem as fases de distribuição, pânico e baixa.

Distribuição

No momento de euforia, investidores mais experientes aproveitam os preços elevados dos ativos e começam a se desfazer de suas posições, imaginando os excelentes lucros já obtidos e vendendo-os para os investidores inexperientes e novatos.

Quando a euforia acaba, o mercado percebe as quedas decorrentes da distribuição, e, com o susto, todos começam a se desfazer dos ativos em grande volume, gerando queda acentuada.

Pânico

Com os ativos em queda, investidores se desfazem das ações a qualquer preço e com velocidade, gerando mais pânico e mais queda generalizada de preços.

Baixa

Após o pânico, os preços atingem os níveis mais baixos, desencorajando quem ainda tem os ativos em mãos e os novos investidores — que se assustam com as quedas acentuadas recentes.

O volume das negociações despenca, e não há força suficiente para uma rápida reação.

O Volume Confirma a Tendência

Trata-se da confirmação de uma tendência identificada no gráfico por meio do volume das negociações.

EM UMA TENDÊNCIA DE ALTA, O VOLUME:

◆ Aumenta quando os preços sobem.
◆ Diminui quando os preços caem.

EM UMA TENDÊNCIA DE BAIXA, O VOLUME:

◆ Aumenta quando os preços caem.
◆ Diminui quando os preços sobem.

Nas plataformas de negociações fornecidas por bancos e corretoras para investimentos em ações, existem ferramentas que permitem ao investidor identificar e monitorar esse volume.

Para exemplificar melhor essa questão do volume confirmando uma tendência, gosto de usar o exemplo da moda da melancia na cabeça. É uma brincadeira, mas a lógica é a seguinte: imagine que você vai ao mercado e, em uma determinada sessão, observa duas pessoas conversando com uma melancia na cabeça. O que você faz? Acha engraçado, mas continua suas compras.

Ao sair do mercado, você observa mais dez pessoas andando na rua com melancias na cabeça e pensa que é uma festa a fantasia ou algo parecido que está ocorrendo em algum lugar nas redondezas. Você observa, mas segue o rumo de casa.

Ao chegar em casa, você vê pessoas nas proximidades também com melancias na cabeça e percebe, então, que isso virou uma moda — por conta do volume de pessoas que estão tomando a mesma atitude. Ou seja: é o volume confirmando uma tendência! No mercado, uma alta sem volume não confirma uma tendência.

Princípio da Inércia

O princípio da inércia diz que uma tendência está valendo até que haja sinais claros de reversão.

Esses sinais podem ocorrer tanto em tendências primárias quanto em secundárias e terciárias. Existem indicativos — sinais — que permitem ao investidor analisar a possível reversão e que serão confirmados pelo volume posteriormente.

Princípio da Utilização dos Preços de Fechamento

Para efeito de análise, a Teoria de Dow considera apenas os preços de fechamento de mercado. Os preços máximos, mínimos e de abertura dos ativos são desconsiderados. As análises levam em conta apenas preços de fechamento.

Observações à Teoria de Dow

Na minha compreensão, o modelo de tomada decisão de investimento em ações baseado na análise técnica não deve ser entendido como uma tentativa de prever o futuro dos preços, mas como a identificação de pontos de entrada e saída, de acordo com os estudos dessas oscilações, sejam essas saídas com ganhos ou mesmo com perdas controladas. O importante é que o investidor que realiza operações com essa ferramenta tenha em mente que, ao entrar em uma operação, ele poderá ter, de maneira predefinida, toda a estratégia da operação, sabendo quando deve sair com perdas, quando sair com ganhos e quando deve permanecer mais tempo na posição.

Tipos de Gráficos e Periodicidade Gráfica

Se a análise técnica se refere ao estudo das oscilações de preços dos ativos e de tentar encontrar as oportunidades, o estudo dos gráficos é uma das matérias-primas desses estudos e adquire fundamental importância.

Portanto, agora é o momento de compreender os tipos de gráficos utilizados para os estudos.

GRÁFICO DE LINHAS

Linha que une os valores de fechamento de cada período. É pouco utilizado pelos investidores, por ser bastante simples.

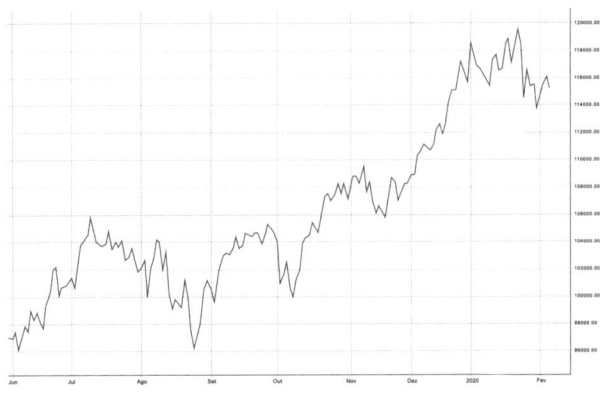

Figura 11

GRÁFICO DE BARRAS

Contém preços de abertura, fechamento, máxima e mínima. O lado esquerdo da barra representa a abertura, e o lado direito representa o fechamento, permitindo que o investidor tenha acesso a uma maior quantidade de informações sobre o comportamento de determinado papel no período analisado.

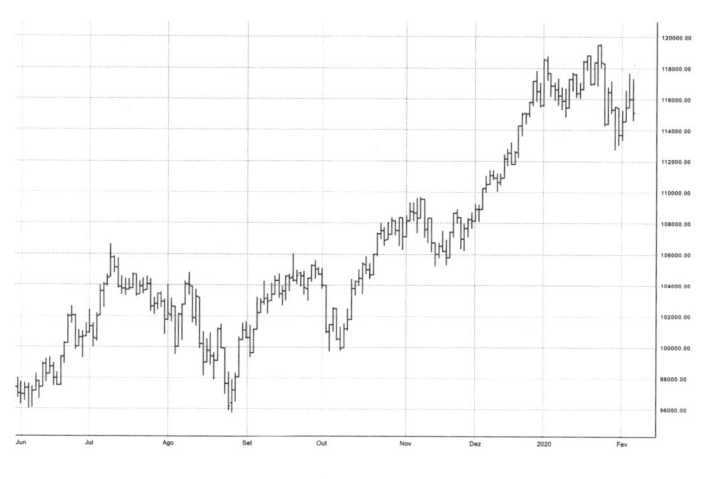

Figura 12

GRÁFICO DE CANDLES OU CANDLESTICK

Tem o mesmo nível de informação do gráfico de barras. Porém, visualmente, é mais fácil de observar, inclusive na realização de estudos, auxiliando na identificação de sinais de reversão. É o gráfico mais utilizado atualmente pelos investidores que estudam os gráficos.

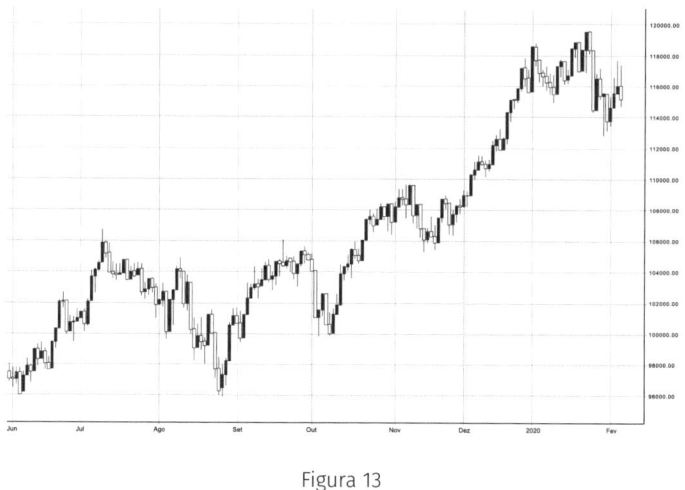

Figura 13

Na Figura 14, é possível visualizar o gráfico de barra (à esquerda) e o gráfico de candlesticks, bem como o significado de cada informação contida.

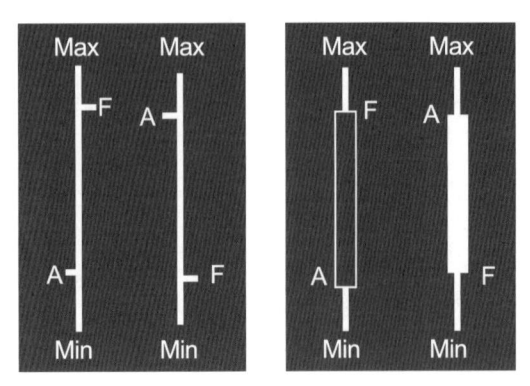

Figura 14

PERIODICIDADE GRÁFICA

São os períodos para visualização do gráfico — os tempos gráficos. Mostram quanto um candle representa em relação ao tempo.

Os tempos gráficos podem ser anual, semestral, trimestral, mensal, semanal, diário e intraday — com períodos de um minuto, cinco minutos, quinze minutos, trinta minutos e sessenta minutos.

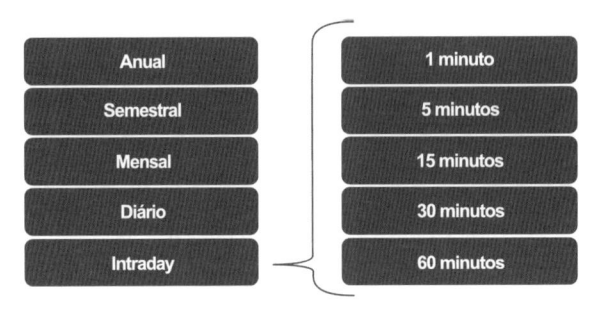

Figura 15

Portanto, na hora de visualizar um gráfico, é preciso sempre se atentar ao tempo gráfico no qual ele está configurado.

A interpretação é a seguinte: se o investidor estiver observando um gráfico de candles na periodicidade gráfica diária, cada candle representa exatamente um dia de negociação, contendo em seu corpo o preço de abertura, mínima, máxima e fechamento daquele dia de negociação. Se o gráfico for de trinta minutos, cada candle então representará trinta minutos de negociação, e assim sucessivamente.

Topos e Fundos, Suportes e Resistências

O conceito de topos e fundos é também bastante importante na análise técnica. À medida que os gráficos vão se desenhando, vão formando figuras gráficas que podem auxiliar no processo de tomada de decisão do investidor.

TOPOS

Presença forte de vendedores: significa o momento máximo de uma alta/euforia. É aquele determinado patamar de preços em que o papel atingiu seu valor máximo em um determinado período, antes de uma queda.

FUNDOS

Presença forte de compradores: significa o momento máximo de uma "depressão". Ao atingir determinado patamar, entende-se que o papel atingiu seu valor mínimo e dá-se início às compras, pois, em um determinado período, esse nível de preços se tornou atrativo.

Em decorrência do conceito de topos e fundos, desenvolve-se o conceito de suporte e resistência — que carrega grande parte das estratégias de análise técnica dos investidores no mercado.

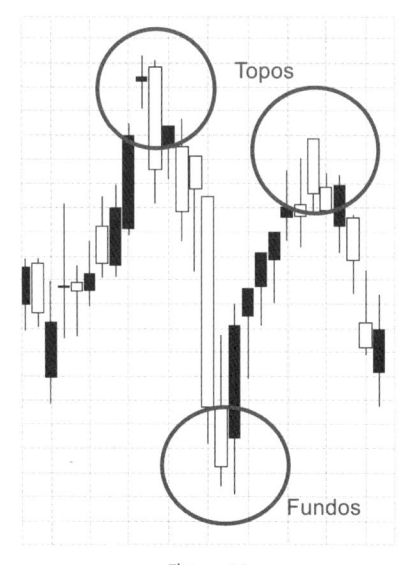

Figura 16

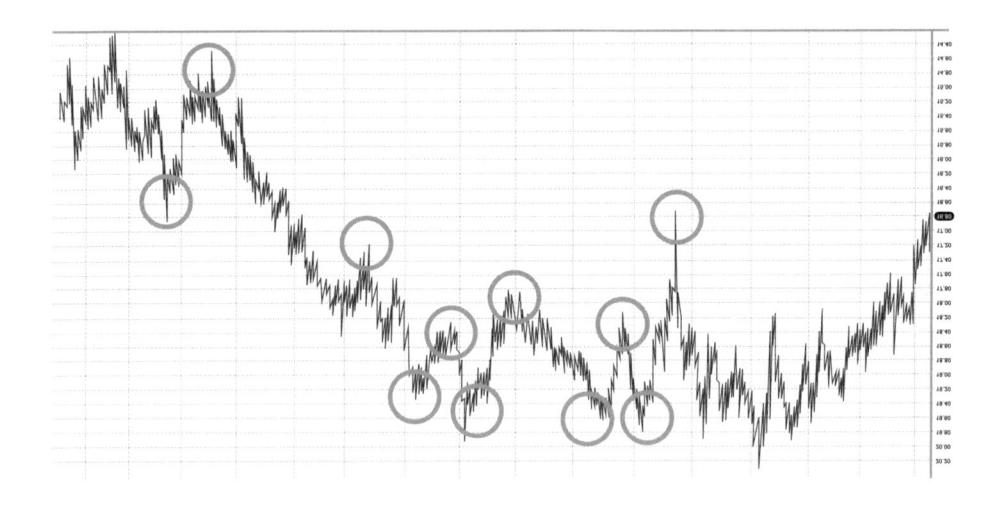

Figura 17

SUPORTES

São níveis de preços em que as compras feitas pelos participantes do mercado têm o poder de interromper e, talvez, reverter um movimento de queda.

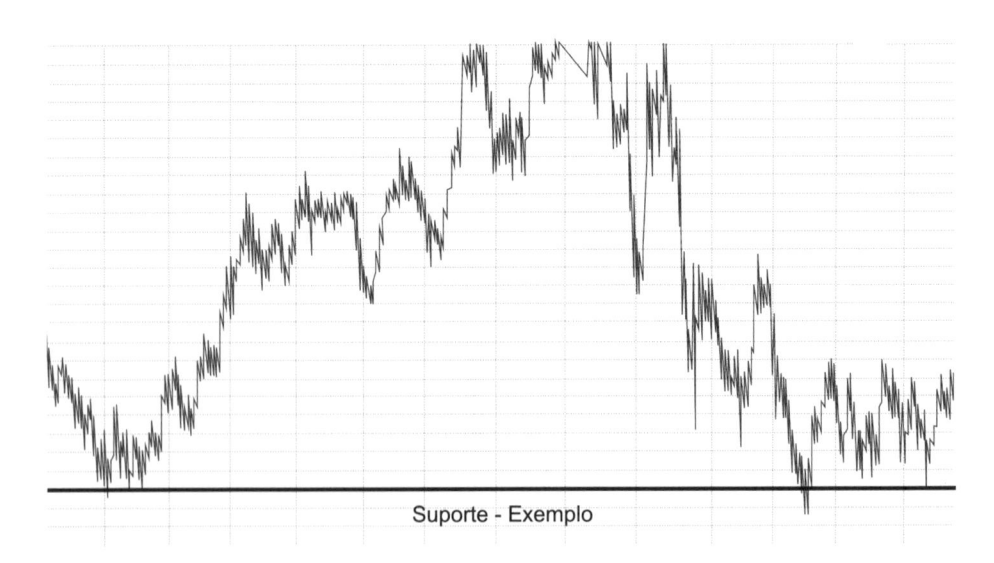

Suporte - Exemplo

Figura 18

RESISTÊNCIAS

São níveis de preços em que as vendas feitas pelos participantes do mercado têm o poder de interromper e, talvez, reverter um movimento de alta.

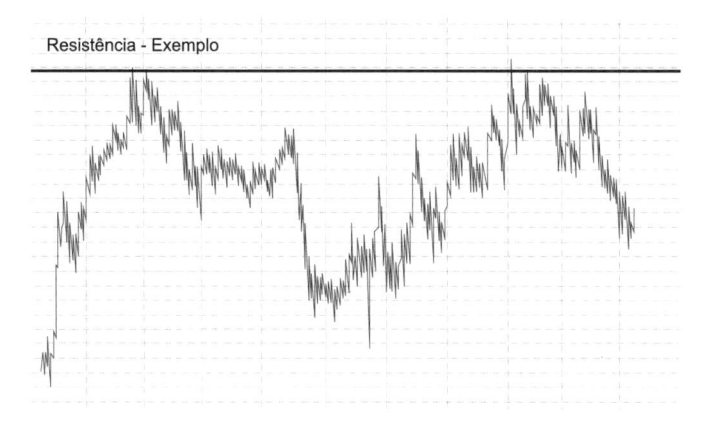

Figura 19

Imagine um espaço fechado, no qual o chão é o suporte e o teto é a linha de resistência. E que nesse local você jogue uma bolinha de tênis e que ela fique batendo no suporte e na resistência o tempo todo, de maneira recorrente, sem efeito da gravidade.

Esse é o movimento de uma ação em relação ao suporte e resistência. Quando ela bater no suporte e começar a subir, o investidor que usa essa estratégia compra uma ação, e quando ela encostar no teto e começar a cair, o investidor a vende.

As linhas de suporte podem se tornar, em determinado momento, linhas de resistência, assim como as linhas de resistência podem se tornar linhas de suporte, de acordo com o movimento do mercado. Isso porque as linhas de suporte e resistência podem ser "rompidas" pelo movimento da ação, criando novas linhas de suporte e novas linhas de resistência.

A partir desse tipo de análise gráfica e identificação de padrões, é possível definir estratégias operacionais de compra e venda de papéis baseando-se nos suportes e resistências.

Quando o investidor toma uma decisão de compra e venda de um papel e ela se mostra equivocada — ou seja, o mercado não realiza o movimento esperado —, é possível reduzir as perdas com a ferramenta que controla o prejuízo — o Stop Loss.

Tendências, LTA, LTB e Canais

Outra maneira complementar de realizar estudos técnicos com gráficos para tomada de decisão é a identificação de linhas de tendência.

TENDÊNCIA DE ALTA

Uma tendência de alta é identificada pela existência de topos e fundos ascendentes.

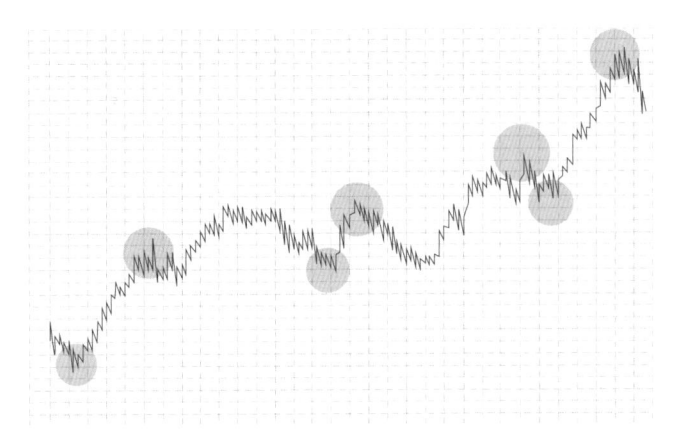

Figura 20

TENDÊNCIA DE BAIXA

Já uma tendência de baixa é identificada pela existência de topos e fundos descendentes.

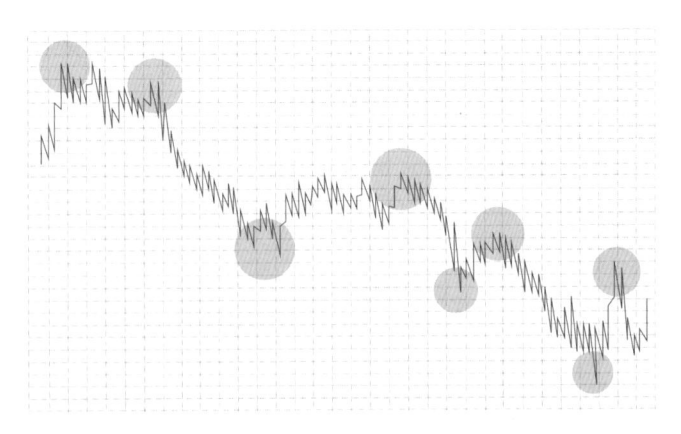

Figura 21

TENDÊNCIA LATERAL

Uma tendência lateral é identificada quando topos e fundos seguem em níveis similares durante um período.

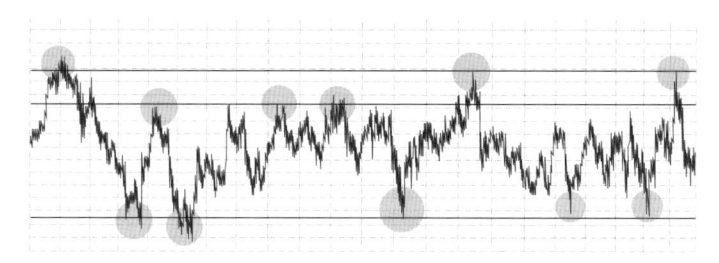

Figura 22

Linhas de Tendências

As linhas de tendências ajudam a avaliar se existe uma tendência definida no mercado.

Vamos entendê-las.

LTA — LINHA DE TENDÊNCIA DE ALTA

Para traçar uma LTA, basta ligar os fundos ascendentes (pelo menos dois fundos). A LTA é formada pela união desses fundos e passa a ser uma região de suporte. As LTAs só podem ser traçadas em tendências de alta.

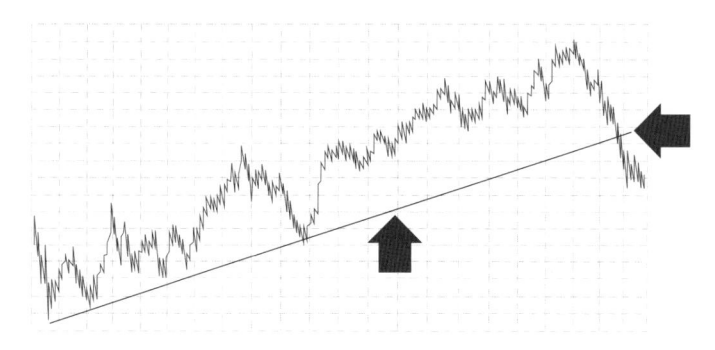

Figura 23

Note que, ao fim da Figura 23, o padrão gráfico é perdido, e a LTA é rompida para baixo. Nesse caso, a estratégia mostraria um momento de saída da posição, pois o ativo perdeu o padrão gráfico anteriormente estabelecido.

LTB — LINHA DE TENDÊNCIA DE BAIXA

Para traçar uma LTB, basta ligar os topos descendentes (pelo menos dois fundos). A LTB é formada pela união desses topos e passa a ser uma região de resistência. As LTBs só podem ser traçadas em tendências de baixa.

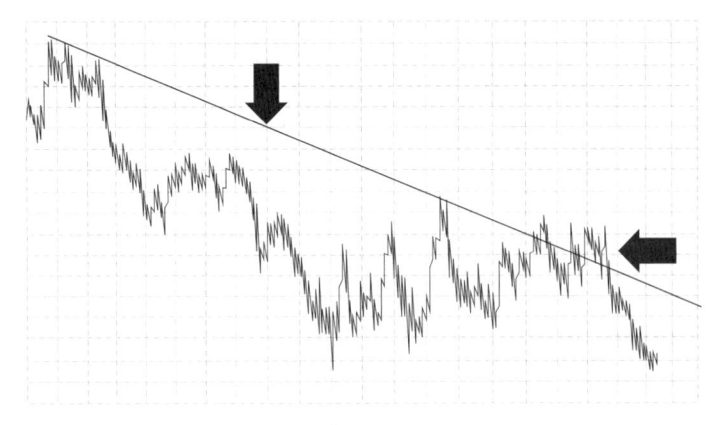

Figura 24

As LTAs e LTBs servem, portanto, como suportes e resistências "inclinados", que acompanham uma tendência.

CANAIS DE ALTA E DE BAIXA

Uma vez traçada a LTA, traça-se uma paralela a ela, que é a linha de retorno.

Figura 25

Uma vez traçada a LTB, traça-se a linha de retorno paralela. Cria-se um canal de baixa.

Figura 26

MM — Médias Móveis

Ainda sobre análise técnica, um indicador muito importante — que precisa ser conhecido por todos os investidores que optem pela análise técnica — é o indicador de médias móveis.

As médias móveis auxiliam na identificação de tendências, assim como os topos e os fundos.

Existem vários tipos de configurações de médias móveis (aritmética, exponencial, ponderada, triangular, adaptada, Welles Wilder, entre outras), sendo que as mais básicas e muito utilizadas são a aritmética (ou simples) e a exponencial.

MÉDIA ARITMÉTICA

A MM aritmética é a média simples de um período de preços selecionado. Ela se chama móvel porque, a cada novo período, inclui-se o preço mais atual e elimina-se o mais antigo, recalculando-se a média. Ou seja, ela é uma média aritmética dos últimos preços de determinada periodicidade gráfica.

Imagine que uma ação teve determinados preços de fechamento ao longo de "X" dias. A média aritmética somará esses preços e dividirá pelo número de dias que estou verificando.

No caso da análise de cinco fechamentos, por exemplo, seria feita a seguinte conta:

$$\text{MM de 5 DIAS} = \frac{P1 + P2 + P3 + P4 + P5}{5}$$

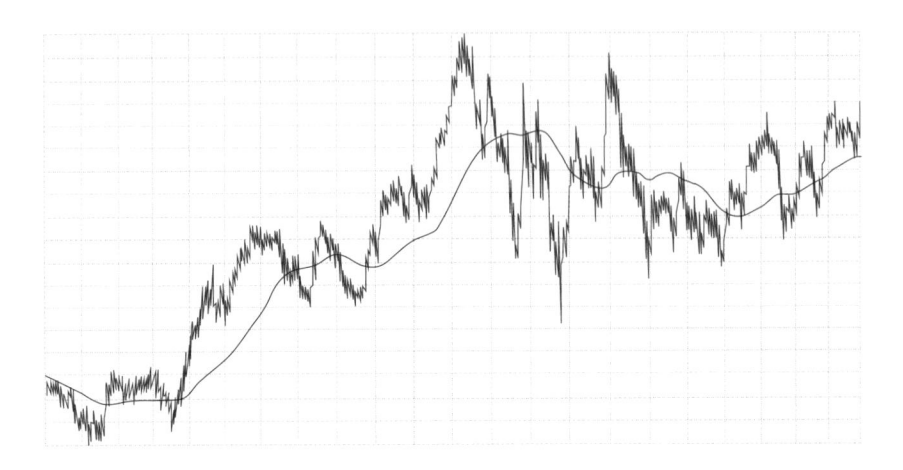

Figura 27

A cada dia inserido (P6, por exemplo), o primeiro dia (no caso do exemplo, P1) seria eliminado. Por isso o nome média móvel, pois há alterações e atualizações ao longo do tempo — incluindo a amostra mais recente e eliminando a mais antiga.

Uma leitura que se faz da observação das MM é a seguinte: se os preços estão sendo negociados acima da média, é possível interpretar que a tendência do mercado seja de alta, e se os preços estiverem sendo negociados abaixo da média histórica, é possível que haja uma tendência de baixa.

MÉDIA EXPONENCIAL

Já a MM exponencial atribui um peso maior aos preços do fim da série (preços mais recentes) — definindo um peso maior à última cotação. Em um período de nove dias, o nono dia é mais importante (tem mais peso) do que o oitavo dia, que é mais importante do que o sétimo dia, e assim por diante.

A MM exponencial fica mais próxima dos preços do que a MM aritmética de mesmo período, e isso acontece porque ela dá mais peso para as cotações mais recentes. Ela é, portanto, mais "nervosa" do que a aritmética e reage mais rapidamente às variações de preços e pode auxiliar em negociações com entradas e saídas mais rápidas.

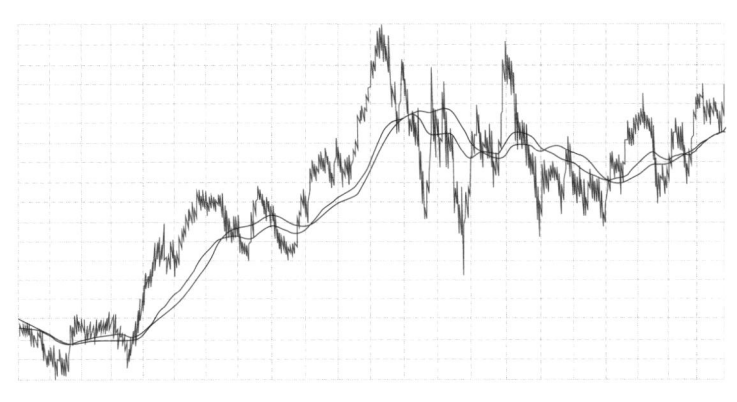

Figura 28

Repare que a média exponencial (Figura 28) está sempre mais próxima das oscilações de preço do que a média aritmética (Figura 27).

ESTRATÉGIA DE CRUZAMENTO DE PREÇOS COM MÉDIAS MÓVEIS

São várias maneiras possíveis de utilizar as médias móveis como configurações de entradas e saídas em ações.

CRUZAMENTO DE PREÇOS DOS ATIVOS COM UMA MM

- ◆ **Ponto de compra:** quando os preços rompem a MM para cima.
- ◆ **Ponto de venda:** quando os preços rompem a MM para baixo.
- ◆ Seguir comprado enquanto os preços estiverem acima da média móvel utilizada.

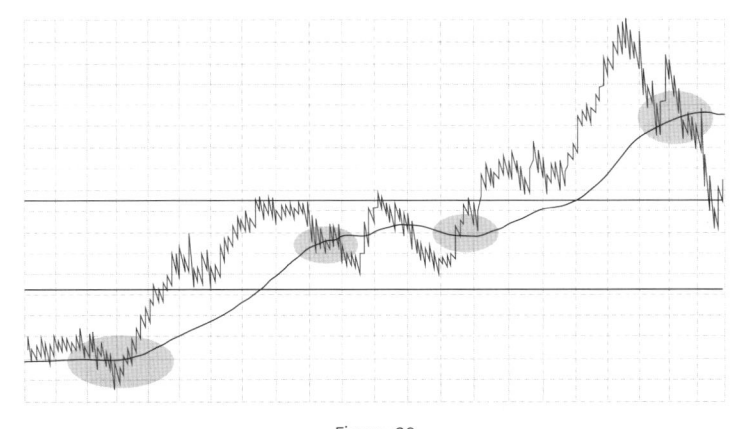

Figura 29

CRUZAMENTO DE DUAS MM

Usando uma média mais longa e uma média mais curta, obtém-se pontos de entrada e saída.

- ◆ **Ponto de compra:** quando a média mais curta cruzar a média mais longa para cima.
- ◆ **Ponto de venda:** quando a média mais curta cruzar a média mais longa para baixo.
- ◆ Quanto mais curta for a média, mais sensível ela será às mudanças de preços.
- ◆ Médias mais longas funcionam melhor quando uma tendência é mais forte e mais bem definida.

Como na Figura 30:

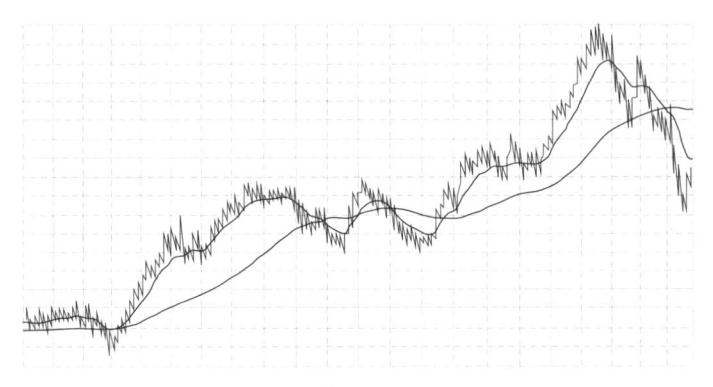

Figura 30

Outra questão importante é a proteção das médias móveis.

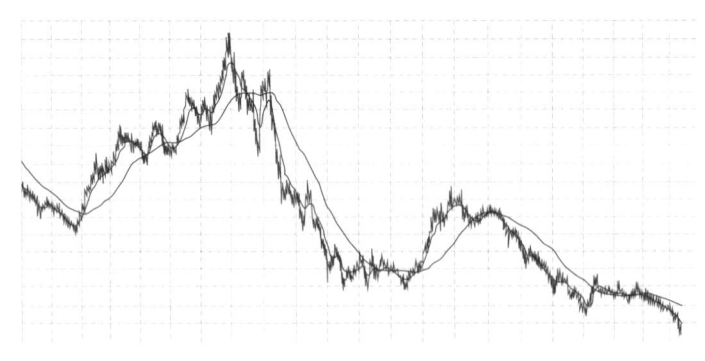

Figura 31

A Figura 31 é de um período eleitoral, no qual houve frustrações em relação ao ativo (da Petrobras). Após forte valorização, o ativo despencou.

É possível verificar um cruzamento de média indicando saída de posição. Neste caso, os investidores que utilizam as MM para operar e que respeitaram o momento de saída indicado foram protegidos de uma grande perda.

EXEMPLOS DE "SETUPS" PARA CRUZAMENTO DE MÉDIAS

- ◆ Exponencial de 9 e aritmética de 40 períodos (utilizadas nos exemplos).
- ◆ Aritméticas de 5 e 21 períodos.
- ◆ Aritméticas de 5 e 63 períodos.
- ◆ Exponenciais de 30 e 60 períodos.

Esses exemplos de configurações de médias apresentados são ilustrativos. Não há nenhuma garantia de que as médias expostas apresentem resultados superiores ou sequer resultados positivos ao longo do tempo. A ideia de apresentá-las neste momento é somente para fins didáticos.

As configurações de médias podem ser feitas pelo investidor por meio das ferramentas gráficas da instituição financeira em que se tem cadastro e acesso ao home broker.

As médias podem variar de acordo com a liquidez do ativo, do tempo operacional e do sentimento do investidor, de modo que ele fique mais confortável para operar, podendo usar tempos gráficos mais curtos ou mais longos conforme seu perfil.

VANTAGENS DAS MM

- ◆ Captam as tendências do mercado.
- ◆ Não fazem previsões.
- ◆ Eliminam a emoção.
- ◆ Quando o fluxo se inverte, os stops permitem prejuízos controlados.
- ◆ Quando o fluxo está favorável, a possibilidade de ganhos é acelerada.

DESVANTAGENS DA MM

A principal desvantagem das MM é que não funcionam em mercados laterais, porque, neles, as médias móveis se cruzarão a todo momento, apresentando entradas e saídas falsas, prejuízos e custos ao investidor.

Cuidados Importantes com a Análise Técnica

Observe que em momento algum foram citados dados sobre empresas, lucros, perspectivas de resultados futuros, endividamento, entre outros. O estudo técnico enxerga apenas as oscilações de preços, sem se preocupar com o que cada empresa faz em sua atividade operacional.

Apresentei os conceitos básicos e fundamentais da análise técnica para ilustrar como o racional de decisão se baseia, essencialmente, nos estudos estatísticos passados das oscilações de preços dos ativos e da ideia de determinar pontos de entradas e saídas previamente estabelecidos, antes que se execute qualquer negociação.

Existe uma série enorme de outros estudos técnicos utilizados pela análise técnica que podem ser de interesse do investidor que se identifique com esse tipo de análise e que, se for o caso, deverão ser alvo de estudo específico.

Outra observação importante diz respeito ao tempo gráfico. Quanto mais curto for o tempo gráfico utilizado pelo investidor, maior o número de operações, e ele deve ter em mente que, sendo assim, mais custos operacionais serão gerados para as instituições financeiras envolvidas na intermediação (corretoras e Bolsa) em detrimento de seus resultados, o que eleva ainda mais o risco do investimento.

Os estudos técnicos devem ser entendidos como parâmetros de entradas e saídas. Não são garantias de resultados e nem de que padrões passados se repetirão no futuro. São estudos feitos "olhando no retrovisor", o que aparentemente os torna fáceis de serem explicados e demonstrados, como nos exemplos anteriores, mas a observação correta no momento de tomada de decisão prática não se apresenta de forma tão clara como na realizada em estudos passados.

Existe também o fator emocional do investidor, que comumente interfere na tomada de decisão, tornando a tarefa ainda mais árdua.

Se até aqui a análise técnica transmitiu ao leitor a ideia de que operar na Bolsa de Valores por esse método é simples e a geração de resultados por meio dela é provável, não é isso que a realidade dos resultados dos investidores mostra. Por isso, jamais tome as explicações da análise técnica como a apresentação de um método garantidor de resultados, pois não é. O intuito aqui foi o de apresentar um dos meios racionais de tomada de decisão.

ESCOLA DE ANÁLISE FUNDAMENTALISTA

A análise fundamentalista parte do pressuposto conceitual e essencial de que a ação é um pedaço de uma empresa, e, assim sendo, comprar ações não deve ser compreendido como uma mera tentativa de ganhar dinheiro em função das oscilações dos preços dos ativos, mas como um investidor interessado em adquirir o pedaço de um negócio.

Outra reflexão sobre as diferentes abordagens seria a seguinte: vimos que a análise técnica se baseia em encontrar padrões de oscilação de preços, e, dessa forma, seria irrelevante entender em maior profundidade o que faz a empresa que lastreia o respectivo ativo. Seria como olhar uma caixa-preta sem saber o que tem dentro e fazer estudos de variações de preços. Já a análise fundamentalista se interessaria não nas oscilações de preços, mas em entender o que é essa caixa-preta, o que tem dentro dela e o que pode fazer com que ela se valorize (ou não) no longo prazo.

Um investidor fundamentalista não enxerga apenas um código na tela do home broker, mas uma empresa vendendo produtos e/ou serviços, com pessoas trabalhando, presidente, diretores, gerentes, vendedores, produção, marketing, pesquisa e tudo o mais que envolve a existência de uma companhia de verdade.

Se na análise técnica o gráfico é uma ferramenta essencial, na análise fundamentalista a informação contida nas demonstrações financeiras — e não apenas nelas — é a ferramenta essencial. Um investidor fundamentalista pode nunca abrir uma tela de gráfico para tomada de decisão, mas concentrar sua pesquisa nas próprias empresas analisadas, na concorrência, nas tendências para seu mercado de atuação, satisfação de clientes, dependência de fornecedores etc.

Outra premissa fundamentalista é a de que, no mercado de ações, o preço de um determinado ativo derivará da situação da respectiva empresa à qual a ação pertence. Por mais que na "feira de ações", que é a Bolsa, os preços apresentem variação constante e, no curto prazo, não correlacionada com os resultados reais das respectivas empresas, no longo prazo, lucros crescentes e valorização das ações se mostram convergentes.

E é a análise fundamentalista, portanto, que auxiliará o investidor a avaliar a situação de uma determinada empresa, observando alguns pontos a seguir:

Estudo da situação financeira de uma empresa e de suas perspectivas futuras.

Visão do negócio, e não da ação.

O entendimento de que uma ação deriva de uma empresa real com administradores, funcionários, máquinas, equipamentos, clientes, faturamento, despesas, fornecedores etc., que fazem parte da empresa como um todo.

Os demonstrativos financeiros da empresa permitem observar melhor esses aspectos.

Compreensão da empresa e de seu negócio torna factível a projeção futura de desempenho, atribuindo, assim, seu real valor.

Todas as empresas têm um valor intrínseco, pertinente a elas mesmas em função de sua atividade operacional.

Muitas vezes, as ações de uma empresa acabam sendo negociadas a um valor diferente no mercado em relação ao que elas valem de fato. A empresa pode ter um determinado valor intrínseco — baseado na capacidade que tem de manter o negócio e gerar valor para seus clientes, acionistas e para a sociedade —, mas o mercado acaba precificando as ações de uma forma diferente. Quando isso acontece, podem surgir oportunidades fundamentalistas, nas quais o investidor pode adquirir ações por preços mais baixos do que elas realmente valem.

Referente a esse ponto, cabe uma discussão: há uma corrente de investidores que defende a chamada hipótese dos mercados eficientes. A ideia central dessa hipótese é a de que, uma vez que as informações são disponíveis cada vez com mais velocidade, os preços dos ativos negociados não permitiriam a possibilidade de que fossem encontradas empresas negociadas abaixo ou acima do que valem.

Particularmente, não sou adepto a essa ideia, assim como também não o são os grandes investidores que citei anteriormente. Mas cabe a cada investidor, individualmente, aprofundar-se de maneira específica no tema para construir sua própria maneira de investir. Mais importante até que saber escolher ações é a alocação total da carteira de investimentos, que será detalhada na Parte II do livro.

A lógica da análise fundamentalista se assemelha a um exame de raio x e outros exames diversos que ajudam profissionais da saúde a escanear o paciente e identificar suas condições de saúde.

Ou seja: a análise fundamentalista se baseia na avaliação do negócio propriamente dito.

Preço da Ação e Valor de Mercado da Empresa

Existe uma confusão, principalmente do investidor iniciante, ao tomar por base o preço unitário das ações como se ele fornecesse algum indicativo de que uma empresa vale mais do que outra. O erro seria o seguinte: um investidor iniciante acreditar que, por determinada empresa ter ações negociadas a R$35,00, ela valha mais do que as ações de uma outra empresa negociadas a R$15,00, e isso não é verdadeiro, porque o número de ações emitidas por cada empresa é diferente.

Exemplo:

Empresa A: R$35,00 por ação × 100.000.000 de ações = R$3,5 bilhões.

Empresa B: R$15,00 por ação × 1.000.000.000 de ações = R$15 bilhões.

Note que o preço unitário das ações da empresa A é mais elevado, porém, o número de ações emitidas é menor do que na empresa B. Sendo assim, mesmo com um preço unitário maior por ação, a empresa A não tem maior valor de mercado na visão do mercado.

Para demonstrar essa questão com exemplo real, veja a Tabela 8, contendo o valor de mercado[12] das quinze maiores empresas listadas na B3 comparado com o preço unitário de suas ações.

TABELA 8		
Empresa	Valor de mercado (mil)	Preço da ação[13]
PETROBRAS	R$404.130.272,41	R$31,68
ITAÚ UNIBANCO	R$319.909.364,17	R$30,69
VALE	R$275.532.514,51	R$51,32
BRADESCO	R$261.268.082,36	R$31,16
AMBEV	R$255.985.269,95	R$16,22
SANTANDER BR	R$155.686.861,27	R$21,02
BANCO DO BRASIL	R$145.620.492,96	R$50,61
ITAÚ S.A.	R$111.839.672,60	R$13,43

---

12. Fonte: B3 — Referente a valores de mercado de 13/02/2020, extraído do link >http://www.b3.com. br/pt_br/market-data-e-indices/servicos-de-dados/market-data/consultas/mercado-a-vista/valor-de-mercado-das-empresas-listadas/bolsa-de-valores/>

13. Considerando apenas ações ON. Preços coletados durante o pregão do dia 14/02/2020.

(Continuação)

TABELA 8		
Empresa	Valor de mercado (mil)	Preço da ação[13]
B3	R$102.092.086,33	R$49,75
TELEFÔNICA BRASIL	R$98.087.112,93	R$53,08
WEG	R$95.635.890,58	R$46,55
MAGAZINE LUIZA	R$92.690.944,17	R$56,47
BB SEGURIDADE	R$74.480.000,00	R$34,88
BTG PACTUAL	R$73.216.166,68	R$34,56
JBS	R$71.738.769,46	R$25,88

Note, na Tabela 8, que mesmo sendo a Petrobras a empresa com maior valor de mercado (mais de R$400 bilhões), a ação com preço unitário mais alto entre as quinze primeiras é a da Magazine Luiza. Observe também que a ação com o menor preço unitário é a Itaú S.A., apesar de ter o oitavo maior valor de mercado.

Sendo assim, fica claro que, ao observar os preços unitários das ações, o investidor não está observando nenhum tipo de ordenamento do valor de mercado total das empresas. Daí a importância de considerar algumas variáveis para ter noções mais acuradas, incluindo, por exemplo, os múltiplos fundamentalistas, que são indicadores que cruzam diversas informações financeiras com a finalidade de gerar informações úteis aos investidores.

P/L — Preço Sobre Lucro

O indicador P/L mostra a relação entre o preço das ações negociadas na Bolsa em comparação com os lucros obtidos pela respectiva empresa em um período de doze meses.

O P/L mostra quanto tempo a empresa levaria para gerar lucro suficiente para retornar todo o valor de mercado que ela tem hoje.

EXEMPLO PRÁTICO:

No dia 7 de fevereiro de 2020, as Lojas Renner (**LREN3**) fizeram a apresentação dos resultados referente ao quarto trimestre de 2019 e, consequentemente, fechando o resultado anual de 2019.

O lucro reportado foi de R$1,10 bilhão referente ao ano de 2019.[14] Fazendo a avaliação do preço unitário de fechamento de **LREN3** no dia 13 de fevereiro de 2020, verifica-se o preço de R$ 57,31. Como **LREN3** tem 795.558.000 ações, chegamos, pela multiplicação do preço unitário pela quantidade de ações, ao valor de mercado de R$45,6 bilhões.

Para encontrar o P/L, basta dividir o valor de mercado (R$45,6 bi) pelo lucro (R$1,1 bi), chegando ao múltiplo de 41,5.[15]

Isso significa que **LREN3**, caso continue reportando lucros anuais de R$1,1 bilhões, levaria 41,5 anos para gerar, em lucros, todo o seu valor de mercado de hoje.

Resumindo, podemos dizer que **LREN3** está sendo negociada no mercado com P/L de 41,5.

Seria possível comparar duas empresas com dois P/L diferentes e afirmar qual estaria negociando mais "barata"? Sim, seria. Se tenho duas empresas, sendo uma com P/L de 15 e outra com P/L de 20, é possível afirmar que a empresa com P/L 15 está negociando em um preço mais atraente do que a empresa de P/L 20 quando consideramos apenas essas duas variáveis.

O que ocorre é que seria uma visão insuficiente, pelo seguinte: o P/L apresenta uma visão estática, uma fotografia de momento, dos resultados de uma empresa, mas naturalmente há diversos fatores que podem distorcer o múltiplo. Um deles seria a avaliação do lucro, para entender se o lucro reportado realmente corresponde aos resultados recorrentes da atividade operacional da empresa ou se existem partes do lucro "contaminadas" por vendas de ativos que acontecem de maneira esporádica e tendem a não se repetir.

Considerando que o lucro apresentado é de fato recorrente e corresponde à atividade operacional da empresa, seria necessário observar ainda que uma empresa é um "organismo vivo" que está se movendo para algum lugar, o que significa que duas empresas com o mesmo P/L podem estar em situações muito diferentes, sendo que uma pode estar em franco crescimento de vendas ano a ano, enquanto a outra pode estar perdendo mercado e vendo seu lucro diminuir ano a ano. Dessa

---

14. Informação disponível no site de Relações com Investidores da empresa: <http://lojasrenner.mzweb.com.br/>.

15. Números arredondados.

maneira, observe que olhar o P/L pode não ser suficiente, sendo que o crescimento esperado pode ser outro componente importante nessa conta, já que, ao avaliar uma empresa, é necessário compreender não apenas o momento, mas a direção e a velocidade em que ela avança.

TABELA 9		
	Empresa A	**Empresa B**
Valor de mercado	R$30 bilhões	R$20 bilhões
P/L (hoje)	30	20
Lucro ano (hoje)	R$1 bi	R$1 bi
Crescimento esperado do lucro	15% ao ano	5% ao ano
Lucro ano 1	R$1,150 bi	R$1,050 bi
Lucro ano 2	R$1,323 bi	R$1,103 bi
Lucro ano 3	R$1,520 bi	R$1,158 bi
Lucro ano 4	R$1,749 bi	R$1,216 bi
Lucro ano 5	R$2,011 bi	R$1,276 bi

Por isso, empresas com expectativas de crescimento mais elevado para anos futuros tendem a ter um P/L mais elevado do que outras que têm menor crescimento.

Olhando a Tabela 9 e considerando apenas o P/L, poderíamos erroneamente afirmar que a empresa B seria uma oportunidade melhor do que a empresa A, por estar negociando em um P/L inferior (20 contra 30). Porém, ao observar a expectativa de crescimento, podemos verificar que a empresa A tem uma expectativa muito mais favorável (crescimento esperado de 15% do lucro ao ano, contra crescimento esperado de 5% do lucro ao ano), e esse pode ser um dos motivos pelos quais ela negocia em um P/L superior a B.

Quando um investidor observa uma tabela como essa, ele pode concluir que, caso ele compre ações da empresa A hoje, ao valor de mercado correspondente de R$30 bilhões, depois de cinco anos, o lucro (R$2,011 bilhões) correspondente ao preço que ele pagou hoje fará com que o seu P/L2 seja de 14,92, e não de 30, como era no início. Caso ele prefira comprar ações da empresa B hoje, ao valor de mercado correspondente de R$20 bilhões, depois de cinco anos, o lucro (R$1,276 bilhão) correspondente ao preço que ele pagou hoje fará com que seu P/L2 seja de

15,67, e não de 20, e ambos os P/L2 seguirão decrescendo conforme o crescimento das empresas.

Note que, para que esse P/L se modifique tal qual foi feito no exemplo anterior, está sendo considerado que o valor de mercado foi congelado em R$30 bilhões e R$20 bilhões, respectivamente, uma vez que o investidor faria, de fato, a aquisição das ações naquele momento. Por isso, chamei o P/L modificado de P/L2.

Na prática, os preços das ações e o valor de mercado das duas empresas não ficariam estáticos em R$30 bilhões e R$20 bilhões por cinco anos enquanto seus lucros crescem. Provavelmente, eles também subiriam, valorizando as ações e gerando ganhos de capital para o investidor.

Note, portanto, que a expectativa de crescimento das empresas é fundamental e pode explicar tranquilamente o investimento em empresas com P/L mais elevado.

Aswath Damodaran mostra[16] um indicador que contempla a expectativa de crescimento na conta. Esse indicador seria o P/L/C, no qual o C nada mais é do que a expectativa de crescimento. Para fazer a conta, basta dividir o P pelo L e depois pelo C.

Teríamos o seguinte:

TABELA 10		
	Empresa A	Empresa B
Valor de mercado (P)	R$30 bilhões	R$20 bilhões
Lucro ano (L)	R$1 bi	R$1 bi
Crescimento (C)	15% ao ano	5% ao ano
P/L	30	20
P/L/C	2	4

Pelo P/L/C, a empresa A estaria mais barata que a empresa B.

Esses indicadores podem transmitir ao investidor iniciante uma sensação de segurança na tomada de decisão, porém, algo precisa ser trazido à tona. Como

---

16. Livro *Valuation* — Como avaliar empresas e escolher as melhores ações.

quantificar a expectativa de crescimento e de lucro futuro? Essa é uma pergunta necessária para este ensaio, mas que não encontra resposta simples, pois é absolutamente impossível prever o futuro com exatidão.

Há dois pontos que precisam ser considerados nesta difícil questão:

Olhar para a empresa: torna-se importante se aprofundar ainda mais nos estudos sobre a empresa, custos, endividamento, riscos de diversas naturezas, capacidade de crescimento da produção, mudanças de pessoas-chave na diretoria e até mesmo entender o quão dedicada a empresa pode estar às atividades de pesquisa e desenvolvimento (P&D).

Olhar para o mercado: entender o tamanho do mercado em que a empresa atua, concorrência, fornecedores, inovação no segmento, produtos substitutos que possam chegar ao mercado e tudo aquilo que não é interno à empresa, mas que pode trazer impactos em suas projeções futuras.

Fica evidente a dificuldade em fazer projeções. E se olhar para o futuro para fazer projeções é tarefa impossível, o que pode ser feito no meio de toda essa informação é observar ao menos de quanto tem sido o **CAGR**[17] de uma empresa nos últimos anos. Talvez seja útil olhar o **CAGR** do lucro líquido nos últimos três e cinco anos, da receita líquida, do Ebitda[18] etc. Lembrando que olhar os dados passados de crescimento servirá para mostrar como tem sido a história de uma empresa até aqui, mas jamais será suficiente para fazer projeções exatas para o futuro.

Para o cálculo do P/L, usamos, portanto, a fórmula a seguir:

$$P/L = \frac{P}{LPA} = \frac{VM}{LL}$$

Onde:

P/L = relação preço lucro

P = preço da ação

LPA = lucro por ação

VM = valor de mercado

LL = lucro líquido

---

17.   CAGR: Compound Annual Growth Rate — Taxa composta de crescimento anual.
18.   Ebitda: Earnings before Interest, Taxes, Depreciation and Amortization — Lucros antes de juros, impostos, depreciação e amortização.

Note que há duas maneiras de fazer o cálculo que dão o mesmo resultado. Na primeira, basta dividir o preço da ação (P) pelo lucro por ação (LPA). E na segunda, basta dividir o valor de mercado da empresa (VM) pelo lucro líquido (LL).

O lucro por ação é obtido dividindo-se o lucro pelo número de ações.

P/VPA — Preço Sobre o Valor Patrimonial

Outro indicador que pode ser considerado é a relação entre o preço de uma ação e o valor patrimonial da ação. O valor patrimonial da ação (VPA) equivale ao seu patrimônio líquido, que é a diferença entre o total de ativos e passivos. Ou seja, é o valor que sobraria caso a empresa fosse fechada e liquidada, vendendo todos seus ativos e pagando todos os passivos.

$$\frac{P}{VPA} = \frac{\text{Valor de mercado (VM)}}{\text{Patrimônio líquido (PL)}}$$

Ao efetuar esse cálculo, é possível verificar a quantas vezes o valor patrimonial uma determinada empresa está sendo negociado. O normal é que esse número seja sempre maior que um, já que uma empresa não é apenas a soma de seus ativos subtraídos do passivo, mas também a habilidade gerencial de usar esses recursos com a finalidade de gerar caixa.

Quando uma empresa está negociando abaixo do valor patrimonial, temos que o P/VPA será inferior a um. Isso significa que, mesmo que um investidor compre ações dessa empresa e ela encerre suas atividades imediatamente, ele obterá lucro, pois o patrimônio líquido dividido por todos os acionistas em caso de liquidação gerará um preço por ação maior do que a cotação da própria ação no mercado. Inclusive, é uma das maneiras em que investidores "caçadores de pechinchas" podem se basear.

No entanto, é preciso relembrar que a empresa é um organismo vivo que está indo em alguma direção. Dessa forma, apenas um indicador de P/VPA abaixo de um não indica uma oportunidade clara e manifesta. Em algumas situações, pode ser uma distorção real da precificação dos ativos no mercado, e, nesse caso, tem-se uma oportunidade. E em outras situações, pode ser que a empresa tenha efetivamente perspectivas muito ruins, reduzindo sua capacidade de gerar lucros e que o próprio patrimônio líquido possa diminuir ao longo do tempo, por meio de prejuízos operacionais sucessivos.

Como no caso do P/L, observar apenas o indicador não é suficiente, mas permite chamar a atenção para que investidores diante de algumas oportunidades façam seus filtros e se aprofundem nas empresas cujos indicadores chamem a atenção.

EV — Enterprise Value

O enterprise value (EV) é o valor da empresa. Mencionei anteriormente o valor de mercado (VM), que é a multiplicação do preço de cada ação pela quantidade de ações, e pode ocorrer uma confusão entre esses dois conceitos.

O que diferencia o EV do VM é que o VM calcula o valor da empresa baseado apenas no valor da empresa para os acionistas. Só que empresas normalmente têm algum nível de endividamento, o que significa que, além do capital próprio, têm em sua composição também o capital de terceiros, formado pelas dívidas.

Dessa forma, o EV é calculado somando-se tanto o valor dos acionistas (VM) quanto a dívida da empresa.

$$EV = VM + \text{Dívida líquida}$$

Ebit, Margem Ebit, Ebitda, Margem Ebitda

Ebit significa *earnings before interest and taxes*, que nada mais é do que o lucro antes de juros e tributos. Equivale à sigla LAJIR em português, porém o termo em inglês é bastante usual em relatórios de análise e no jargão do mercado financeiro.

Basicamente, o Ebit mostra o lucro operacional da empresa, eliminando receitas e despesas financeiras, ou seja, o lucro diretamente relacionado com a atividade empresarial em questão. Vamos supor que uma empresa de fabricação de computadores tenha um determinado capital em caixa e que esse caixa esteja alocado em aplicações financeiras. Essas aplicações financeiras geram juros a seu favor, e isso pode contribuir para aumentar seu lucro líquido. Porém, para uma empresa que fabrica computadores, o mais importante é saber quanto é seu lucro proveniente exatamente da fabricação e venda de computadores, e não de receitas financeiras que não fazem parte da natureza principal de seu negócio. O Ebit isola o lucro operacional dessas receitas financeiras, assim como os gastos com impostos, permitindo uma melhor avaliação do negócio em si.

A margem Ebit é obtida pela divisão entre o Ebit e a receita líquida.

$$\text{Margem Ebit} = \frac{\text{Ebit}}{\text{Receita líquida}}$$

Já o Ebitda é uma tradução da sigla em inglês que significa *earnings before interest, taxes, depreciation and amortization*, ou seja, lucro antes de juros, impostos, depreciação e amortização. Equivale à sigla LAJIDA em português, embora o mais comum no mercado financeiro seja, também, o uso do termo em inglês.

O Ebitda é importante pois demonstra a capacidade de geração de caixa de uma empresa em sua atividade operacional. Uma empresa muito endividada pode, por exemplo, ver seu lucro líquido muito diminuído em função do custo com juros, e, nesse caso, o Ebitda pode ser um indicador importante para melhor entender o potencial de a empresa pagar suas contas e gerar caixa posteriormente.

A depreciação incluída no cálculo do lucro líquido, embora represente um custo, não gera saída efetiva de caixa, e esse também é o motivo de ela ser retirada para efeitos de cálculo do Ebitda. Por outro lado, ao não considerar a depreciação, o Ebitda pode gerar interpretações falsas caso uma determinada empresa tenha maquinário obsoleto a ser renovado em breve, gerando necessidade elevada de recursos.

Para obter o Ebitda, o investidor deve observar o DRE (demonstração de resultado do exercício) da empresa analisada.

A margem Ebitda, por sua vez, é obtida dividindo-se o Ebitda pela receita líquida. A informação que se quer obter nesse caso é: do valor de vendas, de quanto efetivamente é a margem que a empresa tem?

$$\text{Margem Ebitda} = \frac{\text{Ebitda}}{\text{Receita líquida}}$$

EV sobre Ebitda

A divisão do EV pelo Ebitda permite verificar qual a capacidade de geração de caixa da empresa com relação ao valor total da empresa, considerando tanto o capital próprio dos acionistas e o capital de terceiros, ou seja, mostra a taxa de retorno em geração de caixa sobre todo o capital empregado na empresa.

Dividend Yield

O Dividend Yield (DY), por sua vez, é um indicador que demonstra quanto uma empresa remunera seus acionistas na forma de dividendos e juros sobre capital próprio.

$$DY = \frac{Dividendos}{Cotação\ da\ ação}$$

O DY demonstra de quanto seria o retorno para um acionista que adquira uma ação na cotação atual, em função dos dividendos recebidos nos últimos doze meses, caso esse mesmo dividendo se repita. Por certo, é muito pouco provável que o valor pago em dividendo se repita rigorosamente igual, mas serve como parâmetro ao investidor.

Convém observar também que o dividendo não é o lucro obtido pela companhia, uma vez que as empresas retêm parte do lucro para reinvestimento na própria atividade empresarial, de maneira que o dividendo é menor que o lucro obtido pela empresa.

Payout

O Payout demonstra justamente qual é o percentual do lucro que foi distribuído na forma de dividendo ao acionista. Imagine que uma empresa reporte lucro de R$1 bilhão em um determinado ano, tendo distribuído R$400 milhões em dividendos e retendo os R$600 milhões remanescentes para mais investimentos na própria atividade. Neste caso, o Payout é de 40%, ou seja, 40% do lucro líquido foi distribuído na forma de dividendo.

$$Payout = \frac{Dividendo}{Lucro\ líquido}$$

Alguns investidores buscam empresas de elevado DY e elevado Payout. Porém, isso nem sempre é uma verdade absoluta. Se a empresa paga um percentual elevado dos lucros na forma de dividendo, pode significar que ela não esteja encontrando formas de investir em sua atividade operacional de maneira mais lucrativa, não tendo onde alocar o caixa. Situações assim podem demonstrar algum tipo de dificuldade de crescimento futuro e, assim, comprometer a empresa no longo prazo.

Assim, ao encontrar tanto um Dividend Yield quanto um Payout muito elevados, o investidor deveria se preocupar em compreender os motivos que levam a isso.

ROE — Return on Equity

O return on equity (ROE) é o retorno obtido pela empresa em razão de seu patrimônio líquido, ou seja, do capital próprio.

Para o cálculo do ROE, utiliza-se o lucro líquido (retirado do DRE) e o patrimônio líquido (retirado do balanço patrimonial).

$$ROE = \frac{\text{Lucro líquido}}{\text{Patrimônio líquido}}$$

ROIC — Return on Invested Capital

O return on invested capital (ROIC) é o retorno obtido pela empresa na forma de lucro líquido, não apenas sobre o capital próprio, como no caso do ROE, mas sobre todo o capital investido na companhia, que reúne tanto o capital próprio (patrimônio líquido) quanto o capital de terceiros (dívidas).

O ROIC permite verificar a eficiência de uma empresa na alocação do capital sob sua responsabilidade, já que mede o retorno sobre todo o dinheiro investido.

Calcular o ROIC é simples:

$$ROIC = \frac{\text{NOPLAT}}{\text{Capital investido}}$$

Certamente, se você ainda não está familiarizado com os termos contábeis, se perguntará: o que é Noplat?

Noplat é a sigla para *net operating profit less adjust taxes*, que seria algo como lucro operacional menos taxas ajustadas, ou seja, o Ebit menos impostos.

Como todos os demais indicadores, o ROIC não deve ser considerado isoladamente, mas pode ser importante para a complementação dos estudos e auxílio ao investidor na formulação de sua tese de investimento.

Liquidez Corrente

O índice de liquidez corrente demonstra a capacidade que uma empresa tem de lidar com seu endividamento de curto prazo.

Ao avaliar um balando patrimonial, na coluna da esquerda, está o ativo (tudo que a empresa tem), e do lado direito, o passivo (tudo que a empresa deve).

Dentro do ativo, existe uma parte que é aquele tipo de ativo chamado de ativo circulante, que é o caixa da empresa, contas a receber, aplicações financeiras, estoques, enfim, os recursos que estão ou podem se tornar disponíveis de maneira rápida. Na coluna do passivo, existe o passivo circulante, que são as obrigações a vencer com prazos mais curtos.

Assim, o índice de liquidez corrente é a divisão do ativo circulante pelo passivo circulante de maneira a compreender em quantas vezes a empresa tem capacidade de honrar com seus compromissos de curto prazo.

$$\text{Liquidez corrente} = \frac{\text{Ativo circulante}}{\text{Passivo circulante}}$$

É desejável que uma empresa tenha um índice de liquidez corrente superior a 100%, ou seja, ativo circulante de pelo menos o total do passivo circulante. E quanto maior for essa relação, mais força financeira uma empresa terá para ultrapassar momentos de dificuldades ou recessões econômicas.

Benjamin Graham, no clássico *O investidor inteligente*, sugere, como referência, um índice de liquidez corrente desejável de 200%, ou seja, que o ativo circulante seja pelo menos o dobro do passivo circulante. Mas convém observar que esse índice se modifica em função da natureza de cada empresa e de seu setor de atuação, de maneira que é importante ser observado, mas não deve ser tomado como verdade absoluta, tal como todos os demais indicadores que estou apresentando.

Margem Líquida

A margem líquida mostra o percentual do lucro líquido obtido por uma empresa em função de suas receitas, ou seja, qual percentual de toda a receita líquida se transforma efetivamente em lucro.

Se uma empresa reportou receita líquida de R$10 bilhões e lucro líquido de R$1 bilhão em um determinado período, então sua margem líquida foi de 10%.

$$\text{Margem líquida} = \frac{\text{Receita líquida}}{\text{Lucro líquido}}$$

Quanto maior a margem líquida de uma empresa, mais protegida ela estará com relação a eventuais oscilações de sua receita. Obviamente, no entanto, é natural que empresas com elevada margem líquida, dependendo das barreiras de entrada, atraiam novos concorrentes atrás das mesmas gordas margens, podendo fazer com que, em médio e longo prazo, elas diminuam.

DCF — Fluxo de Caixa Descontado

Todos os indicadores até agora apresentados podem e são normalmente usados por investidores como parâmetros para a tomada de decisão e escolha das empresas que mais lhe pareçam atraentes para o processo de investimento.

A ideia geral é a de encontrar ativos "descontados", ou seja, aqueles que porventura possam estar sendo negociados abaixo do que seria o valor intrínseco da própria companhia.

Outra maneira de tentar calcular o valor da empresa é utilizar o chamado *discounted cash flow* (DCF), em português, fluxo de caixa descontado (FCD). A ideia do DCF é a de trazer ao valor presente os fluxos de caixa futuros esperados e, assim, atribuir valoração a uma empresa.

O método de trazer ao valor presente fluxos futuros é comumente utilizado em avaliação de viabilidade de projetos e dentro do processo de decisão empresarial de dia a dia. Se um departamento de uma empresa resolve desenvolver um novo produto e colocá-lo no mercado, normalmente se faz uma projeção de resultados e, considerando o investimento necessário, avalia-se sua viabilidade.

Com o investimento em ações, tal método também pode ser utilizado analisando-se a empresa como um todo.

Façamos a avaliação de um determinado investimento simplificado com o fluxo apresentado na Figura 32:

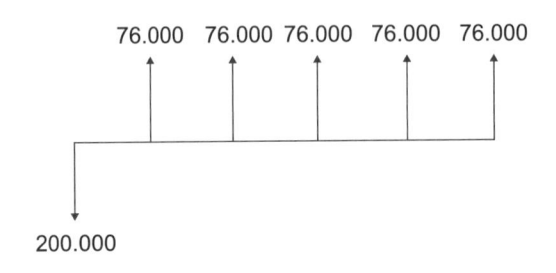

Figura 32

Temos um projeto que gerará um desembolso de R$200 mil de onde esperam-se fluxos de entrada posteriores de R$76 mil.

Porém, quando se fala em alocação de recursos, é importante considerar que sempre existe o chamado custo de oportunidade, que seria a oportunidade de alocar esses mesmos R$200 mil em alguma alternativa de investimento que proporcionaria uma determinada rentabilidade. Poderíamos usar aqui a taxa básica de juros da economia como custo de oportunidade.

Outro fator que devemos considerar é que o recebimento de R$76 mil um ano adiante, dois anos adiante ou cinco anos adiante não representa o mesmo poder de compra do dinheiro, já que o dinheiro perde valor no tempo em função, por exemplo, da inflação ou mesmo do próprio custo de oportunidade.

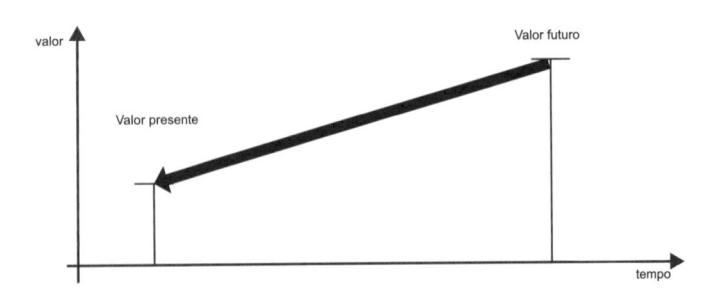

Figura 33

Assim sendo, a primeira coisa a ser feita na avaliação desse projeto seria trazer os fluxos futuros ao valor presente, conforme a Figura 34.

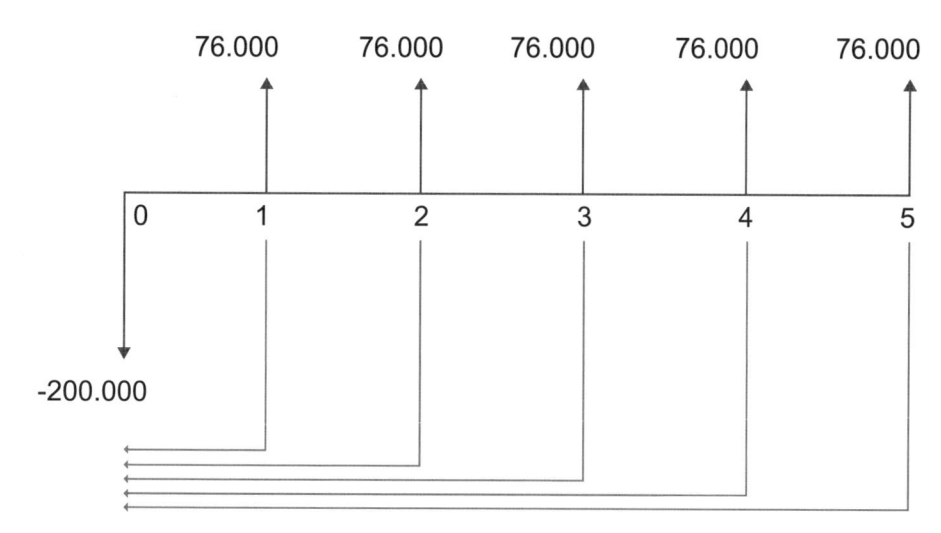

Figura 34

Para trazer esses fluxos futuros ao valor presente, é necessário atribuir uma taxa pela qual esses valores devem ser corrigidos. Essa taxa é a Taxa Mínima de Atratividade (TMA).

A TMA é a taxa de rendimento mínimo que o investidor aceita receber pelo projeto caso opte por fazer o investimento. Para ilustrar, vamos atribuir a taxa de 20% a.a. como TMA.

$$ VPL = \sum_{j=1}^{n} \square \frac{FCj}{(1 + TMA)^j} - \text{Investimento incial} $$

Onde:

FC = fluxo de caixa.

TMA = taxa mínima de atratividade.

j = período de cada fluxo de caixa.

Trazendo o fluxo futuro ao valor presente, teríamos o seguinte:

TABELA 11			
Ano	Valor futuro	Fórmula	Valor presente
0	-R$200.000	× 1/1	-R$200.000
1	R$76.000	× 1/1,20	R$63.333,33
2	R$76.000	× 1/1,20^2	R$52.777,77
3	R$76.000	× 1/1,20^3	R$43.981,48
4	R$76.000	× 1/1,20^4	R$36.651,23
5	R$76.000	× 1/1,20^5	R$30.542,70
			VPL: R$27.286,51

Uma vez que todos os fluxos foram trazidos ao valor presente, somam-se todos os valores da última coluna e obtém-se o resultado.

Note que, nesse caso, o valor presente líquido (VPL) do projeto foi maior que zero. Isso significa que o investimento retornou acima da TMA de 20%, e, portanto, o investimento se mostrou viável. Se o VPL fosse negativo, significaria que a taxa interna de retorno (TIR) do projeto seria menor que a TMA, e o projeto seria considerado inviável pelos parâmetros aqui estabelecidos. E se o VPL fosse igual a zero, então a taxa de retorno do projeto seria equivalente a TMA, também demonstrando ser viável seguir com o investimento.

Assim, podemos concluir que:

Se **VPL > 0**, então o investimento é viável, pois seu retorno é maior que a TMA.

Se **VPL = 0**, então o investimento é viável, pois seu retorno é igual a TMA.

Se o **VPL < 0**, então o investimento é inviável, porque seu retorno é inferior a TMA.

Transportando a técnica para a avaliação de empresas, seria necessário traçar um cenário de fluxos futuros projetados, atribuir a TMA e trazer tudo ao valor presente. De posse desse valor presente da empresa, teríamos como valor presente o que seria o valor intrínseco da companhia, e ao comparar esse valor intrínseco com o valor de mercado, poderia se chegar a alguma conclusão se a empresa estaria sendo negociada no mercado com algum desconto, representando (ou não) uma oportunidade de investimento em suas ações.

O método consiste basicamente em trazer fluxos de caixa futuro ao valor presente, e o que foi aqui demonstrado deve ser entendido como a explicação do conceito, não como o método completo e conclusivo de análise de ações. Existem outros fatores derivados do método que podem incluir o custo médio ponderado de capital (WACC), o valor presente da perpetuidade e diversos outros fatores. Para o investidor que queira se aprofundar nos estudos de valuation,[19] uma das principais fontes é o material de Aswath Damodaran. Existem também cursos específicos que tratam do tema.

O grande desafio, mais uma vez, está menos na matemática do método e mais na capacidade de lidar com o futuro, que é impossível de ser previsto. A adoção de cenários é o que acontece na prática, pois todo e qualquer método que tente adivinhar com exatidão o futuro definitivamente não chegará ao número correto. As projeções estarão sempre erradas, mas podem fornecer parâmetros valiosos ao investidor.

As Quatro Dimensões de Fisher

Até então, mencionei diversos insights fundamentalistas, principalmente associados a indicadores e considerações de ordem financeira. Porém, Philip Fisher apresentou por meio de sua bibliografia[20] uma abordagem que inclui a observação de fatores mais intrinsecamente relacionados à atividade empresarial de cada empresa.

São eles:

Primeira dimensão: superioridade em produção, marketing, pesquisa e habilidade financeira.

Segunda dimensão: fator humano nas empresas.

Terceira dimensão: características de investimento intrínsecas a alguns tipos de negócios.

Quarta dimensão: o preço de um investimento conservador.

---

19. Valuation é a avaliação das empresas para tentar estimar quanto valem.

20. Livro *Investidores conservadores dormem tranquilos*.

É importante notar que Fisher propõe um olhar não apenas do ponto de vista do preço de uma empresa como fator decisivo para o investimento, mas outros aspectos relacionados à sua operação e que não são apenas financeiros.

Note como a visão do investimento baseado em análise fundamentalista está sempre associada ao entendimento da operação de uma empresa propriamente dita, e insights como esses, de Fisher, mostram maneiras de olhar além dos números.

As Seis Categorias de Peter Lynch

Peter Lynch, investidor de renome mundial que, durante o período em que foi gestor do fundo Fidelity Magellan, de 1977 a 1990, obteve o impressionante resultado acumulado de 29,2% de rentabilidade anual, chama a atenção para a importância da familiaridade do investidor com o segmento em que está investindo e também sugere a separação das empresas em seis categorias:[21]

- ◆ Crescimento lento — menor que o crescimento do PIB.
- ◆ Crescimento médio/empresas "confiáveis".
- ◆ Crescimento rápido.
- ◆ Cíclicas.
- ◆ Ativos ocultos.
- ◆ Em recuperação.

A separação nessas categorias, segundo Lynch, permite ao investidor identificar oportunidades e analisar os indicadores de diferentes maneiras, considerando as diferentes realidades.

IMPOSTOS EM AÇÕES

Existem duas alíquotas de imposto de renda referente à negociação de ações, conforme a seguir:

Tipo de operação	Alíquota
Operações normais	15%
Operações day-trade	20%

---

21.   Livro *O jeito Peter Lynch de investir.*

As operações normais são aquelas em que investidores compram e vendem uma determinada ação em dias diferentes. Já as operações day-trade são aquelas em que o investidor compra e vende uma mesma ação em um mesmo dia.

O importante aqui é que o investidor tenha ciência de que a apuração de imposto é de sua própria responsabilidade, não da instituição financeira por onde negocia ações.

Sempre que uma operação for encerrada, o investidor deve apurar seu resultado. Entende-se por uma operação encerrada aquela que eliminou a exposição a um determinado ativo. Se um investidor comprou cem ações da empresa ABCD3, então, ao vender cem ações da mesma empresa, ele está encerrando a operação. Isso deverá ser feito mensalmente com todas as operações encerradas naquele mês. E entende-se por resultado a diferença entre o valor de venda e o valor dos gastos, que equivalem ao preço de compra adicionado dos custos operacionais incorridos (corretagem, emolumentos etc.).

Posteriormente, o investidor deverá separar as operações normais das operações day-trade e consolidar o resultado total das negociações encerradas em cada uma dessas categorias.

Ao obter o resultado consolidado das operações normais, o investidor deverá calcular o imposto de renda a ser recolhido pela alíquota de 15% sobre os ganhos.

Ao obter o resultado consolidado das operações day-trade, o investidor deverá calcular o imposto de renda a ser recolhido pela alíquota de 20% sobre os ganhos.

Após feitos os cálculos, o próprio investidor deverá emitir um DARF e fazer o pagamento do imposto até o final do mês subsequente às vendas. O DARF pode ser gerado diretamente no site da Receita Federal, devendo o próprio investidor fazer o preenchimento.

Alguns esclarecimentos adicionais:

É o resultado que importa. Se o investidor teve prejuízo em uma operação e lucro em outra, pode abater esse prejuízo da base de cálculo do IR.

Caso um investidor apure resultado negativo no fim de um mês, ele poderá abater esse prejuízo de resultados positivos em meses seguintes, e assim sucessivamente.

As instituições financeiras retêm uma parcela simbólica de imposto nas notas de corretagem. Essa retenção é apelidada de "dedo-duro" no mercado financeiro, pois permite à Receita saber que um determinado investidor fez negociações. A retenção simbólica pode ser também abatida do IR a ser pago.

Caso um investidor encerre operações normais com volume total de vendas abaixo de R$20 mil em um mês, ele estará isento do IR sobre os ganhos que obtiver naquele mesmo mês. Observe que não se trata de R$20 mil em ganhos, mas R$20 mil em volume total de vendas nas operações normais. Isso não se aplica a operações day-trade.

Aqueles investidores que operam muitas vezes ao mês terão um pouco mais de trabalho com relação àqueles que operam eventualmente e que realmente fazem posições de longo prazo. Mas existem serviços disponíveis na internet que tornam possível a automatização do cálculo do IR, e essa pode ser uma solução para esses casos.

INVESTIMENTO EM AÇÕES

Detalhei a essência do mercado de capitais como uma forma de as empresas captarem recursos para expandir suas atividades por meio da atração de novos sócios.

Em decorrência deste processo, iniciado no IPO, as ações passam a ser negociadas entre investidores na Bolsa de Valores, que funciona como uma feira para essa finalidade.

Investidores que queiram rentabilizar seu capital por meio dessa modalidade de investimento têm dois caminhos: (a) estudos de análise técnica, que buscam encontrar oportunidades nas oscilações de preços dos ativos, realizando compras e vendas para obter ganhos com essas diferenças e (b) estudos de análise fundamentalista, que buscam encontrar oportunidades por meio da identificação de empresas que desempenham um bom trabalho em seu segmento de atuação e, com isso, geram lucros em sua atividade operacional.

O aprofundamento sobre o estudo das empresas depende do nível de interesse de cada investidor e pode levar uma vida inteira de aprendizado. Citei alguns autores até aqui que certamente seriam minha recomendação para aqueles que desejam se aventurar por este caminho de modo mais específico.

Para obter informações sobre as demonstrações financeiras das empresas, é possível entrar no site de cada uma delas e procurar a área de Relações com Investimentos (RI). Alguns sites de RI permitem, inclusive, que o investidor cadastre seu e-mail e receba todas as informações de uma companhia, inclusive o convite para participar das teleconferências de resultados.

Outros sites fornecem informações consolidadas, como o site Fundamentos[22], o serviço de análise do site Comdinheiro[23] e o aplicativo TradeMap,[24] que pode inclusive ser baixado no smartphone.

22. http://fundamentus.com.br/
23. https://www.comdinheiro.com.br/
24. https://trademap.com.br/

Capítulo III

FUNDOS E PREVIDÊNCIA

INTRODUÇÃO AOS FUNDOS DE INVESTIMENTO

Saber como funciona a dinâmica dos fundos de investimento é fundamental para qualquer investidor na hora da tomada de decisões sobre seus investimentos.

O QUE É UM FUNDO DE INVESTIMENTO?

É um veículo de investimento, constituído sob a forma de condomínio, em que diversos investidores depositam recursos financeiros que são usados para aplicação em ativos financeiros.

Repare que o fundo não é um ativo financeiro, como um título de renda fixa ou uma ação, mas uma forma coletiva de comprar ativos financeiros. O fundo é como "uma caixa" em que os investidores depositam dinheiro e um gestor devidamente habilitado — nos termos da regulação do mercado financeiro — faz o trabalho de seleção dos ativos que serão escolhidos e adquiridos.

Quando o investidor realiza aplicações em fundos de investimento, ele está confiando seus recursos a profissionais de investimento e delegando poder para que sejam realizadas as aplicações conforme as regras estabelecidas no regulamento do fundo.

Um fundo é, portanto, um veículo de investimento — uma forma de investir, e não o investimento em si.

OBJETIVO E POLÍTICA DE INVESTIMENTO

Tanto o objetivo de investimento quanto a política de investimento estão disponíveis para os investidores e descritas no regulamento do fundo.

O objetivo de investimento descreve aquilo a que o fundo se propõe. Um exemplo de objetivo de investimento: superar o índice Bovespa em longo prazo.

Já a política de investimento descreve de que forma o gestor pretende atingir o objetivo estabelecido. Um exemplo de política seria: comprar ações com excelente potencial de retorno de acordo com uma determinada metodologia.

PRINCIPAIS ESTRATÉGIAS DE GESTÃO

Existem duas grandes estratégias de gestão que precisam ser compreendidas, pois, independente da categoria (detalharemos mais adiante) a que um fundo pertença, elas existirão de maneira transversal e são importantes para a tomada de decisão.

FUNDO COM GESTÃO PASSIVA

É o fundo que tem como meta replicar um determinado indicador escolhido, buscando apenas segui-lo, com o menor deslocamento possível.

Alguns fundos têm por finalidade acompanhar o CDI, o dólar, o ouro, o índice Bovespa ou qualquer outro indicador de mercado.

Nesses casos, a meta de rentabilidade a ser entregue ao investidor é semelhante à rentabilidade do indicador escolhido.

FUNDO COM GESTÃO ATIVA

Ao contrário do fundo de gestão passiva, um fundo de gestão ativa não tem a finalidade de replicar um determinado indicador, mas a meta de superá-lo.

Para isso, o gestor terá que ser mais seletivo em sua escolha de ativos, podendo aumentar um pouco o risco de crédito, de liquidez, de mercado ou de alavancagem ou mesmo escolhendo ativos que são diferentes dos que seguem o indicador que ele deseja superar, acompanhando os cenários econômicos e as perspectivas que lhe permitam se posicionar de maneira mais favorável nos mercados em que investe.

Por ter a meta de superar um indicador, muitas vezes os fundos ativos podem também não conseguir superá-los, e esse é o risco que se corre ao adotar uma gestão ativa.

Um levantamento[1] feito por Rafael Paschoarelli, diretor do serviço COMDINHEIRO,[2] mostrou que existiam 300 fundos de ações constituídos antes de 1º/1/2000 e que, 20 anos depois, apenas 90 continuam existindo. E apenas 43 bateram o IBOV desde que foram constituídos até o início do ano de 2020, ou seja, apenas 14% dos 300 iniciais. Isso mostra que a tarefa de bater um índice de mercado não é tão trivial quanto parece.

ESTRUTURAÇÃO DE FUNDOS

Como foi dito anteriormente, note que o investidor, ao investir via fundos, delega para um gestor o poder de decisão do que será feito com o dinheiro. Para que isso transcorra com segurança para todos os envolvidos, existe uma regulação referente à atividade de gestão de recursos de terceiros. Além disso, é preciso compreender

---

1. https://www.linkedin.com/posts/rafael-paschoarelli-a2ab336_desempenho-dos-mais-antigos-fundos-de-ações-activity-6616663758917902336-HwFd/
2. http://comdinheiro.com.br

também mais detalhes sobre os fundos, de maneira a permitir uma tomada de decisão consciente por parte de cada investidor.

Um fundo de investimento pode ser estruturado como um FI — fundo de investimento — ou como um FIC — fundo de investimento em cotas.

FI — Fundo de Investimento

A carteira do fundo é composta por ativos financeiros existentes no mercado (títulos públicos federais, CDB, ações, derivativos etc.). Em resumo, o fundo recebe os aportes dos investidores (cotistas) e, em seguida, providencia a compra de determinados ativos.

FIC — Fundo de Investimento em Cotas de FI

Já os fundos de investimentos em cotas recebem o dinheiro dos cotistas, que pode ser investido em cotas de outros fundos (A, B, C, D…) ou em ativos, como os títulos públicos, CDBs, debêntures, ações etc.

A estrutura de FIC permite a constituição de vários fundos com a mesma política de investimento e pode se diferenciar pela taxa de administração, pelos montantes mínimos de aplicação, pelos prazos de resgate ou outros fatores.

Permite também que um gestor possa escolher os melhores[3] fundos do mercado, juntando todos em um só, vendendo, assim, a sua expertise na seleção de outros fundos.

Os fundos também podem ser estruturados como fundos abertos e fundos fechados.

Fundos Abertos

Fundo aberto é aquele em que os investidores podem adquirir e resgatar suas cotas a qualquer tempo. O prazo de aplicação e resgate de cada fundo está sempre previsto em seu regulamento.

Os aportes podem acontecer a qualquer momento, permitindo que os fundos cresçam ao longo do tempo e recebam novos aportes dos cotistas.

---

3.   Segundo juízo próprio do gestor.

Fundos Fechados

Fundo fechado é aquele em que os investidores somente podem fazer a aplicação durante um prazo de aquisição de cotas e solicitar os resgates ao término de determinado prazo ou quando este for liquidado.

Se o investidor quiser resgatar antes do vencimento, terá que vender suas cotas no mercado secundário. Os fundos fechados têm uma quantidade limitada de capital investido, não há possibilidade de novos aportes a qualquer tempo, como acontece com um fundo aberto.

Fundo Sem Carência

É aquele em que o investidor pode solicitar o resgate a qualquer momento, tendo que aguardar os prazos para a conversão da cota e resgate conforme previsto no regulamento.

Fundo Com Carência

É aquele em que o investidor precisa aguardar um prazo para solicitar o resgate, conforme previsto em seu regulamento. A carência dos fundos existentes no mercado é de 30, 60, 90, 120 e 180 dias, que varia em função da estratégia de montagem da carteira do fundo.

Fundos Exclusivos

São os fundos de investimentos constituídos para receber aplicações de um único cotista. É usado por investidores que têm patrimônio elevado e pode adotar estratégias mais personalizadas, de acordo com suas necessidades.

SEGREGAÇÃO DE FUNÇÕES NOS FUNDOS

Você já sabe que os fundos são veículos de investimento geridos por um gestor, que adquire ativos para compor esse fundo com o dinheiro aplicado pelos cotistas. Mas de quem são, afinal, os ativos que compõem esse fundo?

Propriedade dos Ativos

O fundo de investimento recebe as aplicações dos investidores e, de acordo com o regulamento, compra os ativos em seu nome, uma vez que tem CNPJ próprio. Ou seja, os ativos adquiridos são do fundo de investimento, e o investidor é o proprietário indireto desses ativos. Os lucros e perdas são distribuídos igualmente entre os cotistas na valorização ou desvalorização das cotas.

Chinese Wall

Chinese Wall é um termo usado para simbolizar a segregação de atividades em um determinado negócio e se aplica aos fundos de investimento.

As atividades de administração de recursos próprios das instituições financeiras e as de administração de recursos de terceiros (fundos) devem ser totalmente separadas e independentes a fim de prevenir potenciais conflitos de interesse.

Funções e Responsabilidades em um Fundo de Investimento

Existem diferentes funções e responsabilidades na operacionalização de fundos de investimento. São elas:

- Administrador
- Gestor
- Distribuidor
- Custodiante
- Auditor independente
- Cotista

Administrador

Representa o fundo, podendo efetuar as contratações dos prestadores de serviços mediante prévia e criteriosa análise e seleção do contratado, constando no contrato como interveniente anuente.

O administrador tem a função de controlar se as atividades estão sendo efetuadas de acordo com todas as normas regulamentares que incidem sobre todas as áreas/prestadores de serviços.

Gestor

É o responsável pela gestão dos recursos aplicados em um fundo de investimento, tendo como principais atribuições:

◆ Acompanhar a dinâmica do mercado, em busca de oportunidades de ganho.
◆ Selecionar e adquirir ativos com melhor perspectiva de rentabilidade — compatível com a política de investimento do fundo —, vendendo-os no momento oportuno.

Distribuidor

O distribuidor é o responsável por vender as cotas dos fundos de investimento aos investidores. É o agente que tem o contato direto com o cotista.

Aplicação por Conta e Ordem

Existe um sistema adotado pelas plataformas de investimento que facilita esse processo de distribuição: é o chamado "por conta e ordem".

O fundo de investimento pode contratar instituições intermediárias integrantes do sistema de distribuição de valores mobiliários (CTVM, DTVM, bancos etc.), para a venda de cotas por conta e ordem de seus clientes.

Nessa modalidade de distribuição, os dados do investidor final não são revelados para o administrador do fundo.

É importante observar que a instituição distribuidora deve segregar os recursos aplicados pelos clientes de seus recursos próprios, ou seja, o dinheiro do distribuidor não se mistura com o dinheiro dos cotistas aplicado nos fundos por ele distribuídos.

A instituição intermediária inscreve no registro complementar de cotistas a titularidade das cotas em nome dos investidores, atribuindo a cada cotista um código de cliente e informando tal código ao administrador do fundo.

O administrador escritura as cotas de forma especial no registro de cotistas do fundo, adotando, na identificação do titular, o nome da instituição intermediária, acrescido do código de cliente fornecido pela instituição intermediária — que identifica o cotista no registro complementar.

A instituição distribuidora tem algumas responsabilidades, tais como:

◆ Fornecer aos investidores o prospecto, regulamento e termo de adesão, que deve ser enviado pelo administrador para o distribuidor sempre que houver alguma alteração.

◆ Dar ciência ao cotista de que a distribuição é efetuada por conta e ordem.

◆ Dar ciência aos clientes de quaisquer exigências formuladas pela CVM.

◆ Estabelecer procedimentos de prevenção à lavagem de dinheiro.

◆ Guarda da documentação cadastral.

◆ Prestar informação diretamente a CVM sobre os dados cadastrais dos investidores, quando solicitado.

Custodiante

O custodiante tem como principal obrigação a liquidação física e financeira de ativos, sua guarda, bem como a administração de eventos relacionados aos ativos, sendo que o serviço não envolve negociação ou qualquer tipo de aconselhamento sobre o investimento.

A custódia permite a segregação de funções entre quem toma a decisão de investimento (gestor) e quem faz a liquidação financeira e a guarda dos ativos (custodiante), o controle e a contabilização das cotas do fundo, trazendo maior transparência e segurança para o processo.

Auditoria Independente

As demonstrações contábeis do fundo são auditadas anualmente por auditor independente registrado na CVM, observadas as normas que disciplinam o exercício dessa atividade.

O auditor independente tem como principal obrigação auditar as demonstrações financeiras anuais do fundo, elaborando o parecer que é apresentado na assembleia geral ordinária para a aprovação das demonstrações financeiras.

As despesas de auditoria independente são pagas diretamente pelo fundo de investimento. Ou seja, indiretamente, o investidor é quem paga.

Cotista

O cotista é o investidor do fundo e, por se tratar de um investimento coletivo, na forma de condomínio, tem também direitos e deveres.

ALGUNS DOS DIREITOS DOS COTISTAS:

◆ Ter acesso ao regulamento, o prospecto do fundo, tendo a ciência da política de investimento e dos riscos dela decorrentes.

◆ Ter acesso ao valor do patrimônio líquido do fundo, ao valor da cota e à rentabilidade acumulada no mês e no ano civil a que se referirem.

◆ Receber anualmente documentos contendo informações sobre os rendimentos obtidos no ano civil, o número de cotas de sua propriedade e seu respectivo valor.

◆ Receber mensalmente extrato do fundo de investimento.

◆ Ser informado de qualquer evento que possa influenciar sua decisão em permanecer investindo no fundo.

ALGUNS DOS DEVERES DOS COTISTAS:

◆ Analisar os fundos disponíveis para aplicação e verificar a compatibilidade deles com seus objetivos pessoais.

◆ Avaliar, por meio da leitura do regulamento e do prospecto, o objetivo do fundo e sua política de investimento, para que possa decidir se aplicará ou não no fundo.

◆ Comparecer às assembleias gerais — não se trata de uma obrigação, mas é importante se manter informado sobre o fundo no qual você investe.

◆ Manter seus dados cadastrais atualizados para que o administrador possa enviar os avisos de convocação da assembleia geral de cotistas, o extrato mensal, entre outros documentos importantes.

COTAS DOS FUNDOS

Já usei algumas vezes a expressão "cotista" para designar o investidor em fundos. Diz-se que ele é cotista justamente por ser um possuidor de cotas.

As cotas do fundo correspondem a frações ideais de seu patrimônio e são escriturais e nominativas. As cotas conferem direitos e obrigações iguais aos cotistas, e a valorização do fundo se dá pelo incremento do valor de cada cota.

Valor da Cota

O valor da cota do dia é resultante da divisão do patrimônio líquido pelo número de cotas do fundo, apurados, no encerramento do dia.

$$\text{Valor da Cota} = \frac{\text{Patrimônio líquido}}{\text{Número de cotas}}$$

Se um determinado fundo tem um patrimônio líquido de R$100 milhões e 10 milhões de cotas, então o valor de cada cota será de R$10,00.

A conversão da cota de um novo investidor no fundo é feita de acordo com o valor dessa cota no dia do aporte. A rentabilidade do cotista tem início a partir do dia da aplicação.

Conversão de Recursos Monetários em Cotas

Após o envio de recursos monetários (dinheiro) ao fundo de investimento por parte do investidor, é necessário que se defina o valor da cota de cada dia para que seja feita a conversão dos recursos em cotas. O fundo, portanto, emite aquele determinado número de cotas a que o investidor tem direito, de acordo com o aporte realizado.

A partir daí, conforme a rentabilidade do fundo for acontecendo, o valor de cada cota também se modificará, proporcionando rentabilidade ao cotista.

EXEMPLO

Um investidor aplica R$2 mil em cotas de um fundo que, na data do investimento, tem um patrimônio líquido de R$500 milhões e 100 milhões de cotas.

A partir dessas informações, é possível calcular:

I — O valor da cota na data da aplicação: R$500.000.000 / 100.000.000 = R$5.

II — O número de cotas adquiridas pelo investidor: R$2.000 / R$5 = 400 cotas.

Vamos supor que, em um determinado intervalo de tempo, o patrimônio líquido sofra um aumento de 20%[4] e o número de cotas aumente 9%. Nesse caso, o valor da cota aumentará (R$600.000.000 / 109.000.000 = R$5,5), e da mesma forma acontecerá com o valor atualizado da aplicação inicial (400 × R$5,5 = R$2.200).

E se quisermos calcular a rentabilidade no período, basta dividir o valor da cota no resgate pelo valor na data da aplicação e ajustar para percentual: R$5,5 / R$5 = 1,1 ou 10%.

---

4.   Importante observar que o aumento do patrimônio líquido do fundo pode ser proveniente tanto de valorização dos ativos investidos quanto de aportes de novos recursos de investidores..

Cota de Abertura

Cota de abertura é aquela que já é conhecida no início do dia. É calculada com base no patrimônio líquido do dia anterior, acrescido de um CDI.

O regulamento do fundo pode estabelecer que o valor da cota seja calculado a partir do patrimônio do dia anterior, devidamente atualizado por um dia, quando se tratar de fundos de investimento classificados como curto prazo, renda fixa e referenciados ou registrados como exclusivo ou previdenciário.

Cota de Fechamento

A cota de fechamento é calculada com base no patrimônio líquido do próprio dia após o fechamento dos mercados dos quais o fundo tenha ativos em sua carteira.

A cota de fechamento tem a grande vantagem de refletir mais fielmente o PL do fundo, evitando distorções na aplicação/resgate para o investidor, e é utilizada no mercado para a maioria dos fundos de investimento como parâmetro de novas aplicações e resgates.

Prazo de Cotização e Liquidação na Aplicação

Em uma linha do tempo hipotética, teríamos o dia da aplicação no fundo — chamado D+0, quando há o ingresso dos recursos — e o D+N, que seria o dia da conversão do aporte em cotas. O N é especificado no regulamento do fundo.

Prazo de Cotização e Liquidação no Resgate

Em uma linha do tempo hipotética, teríamos o dia da solicitação do resgate (chamado D+0) e o dia da conversão do investimento em cotas (D+N) para que o resgate seja pago ao cotista. Pode existir também outro prazo adicional ao D+N, em número de dias, para a liquidação financeira, que é o ato de creditar o dinheiro na conta do investidor.

Os prazos de conversão em cotas, prazos de resgate e de liquidação financeira também são especificados no regulamento do fundo.

Fatores que Alteram o Valor da Cota

Composição da carteira do fundo e os riscos inerentes aos ativos: uma carteira com títulos de renda fixa tem menor oscilação do que uma carteira de ações.

Taxa de administração e outras despesas: quanto maior a taxa de administração e as despesas de um fundo, mantendo-se as demais condições constantes (*ceteris paribus*), mais o valor da cota será afetado e menor será a rentabilidade do fundo.

Movimentos de saque e aplicação de grandes volumes: um resgate de valor elevado pode obrigar o gestor a vender um título que está com menor liquidez, afetando o valor da cota e, consequentemente, sua rentabilidade.

CLASSIFICAÇÃO DOS FUNDOS

Em diversas oportunidades, mencionei a existência do regulamento do fundo de investimento. O regulamento é um documento oficial que estabelece como se dará seu funcionamento e, também, qual será sua política de investimento.

Na política de investimento está definido em que tipo de ativos o gestor terá liberdade para investir (mandato do gestor) o dinheiro dos cotistas, e essa compreensão é fundamental para que cada investidor consiga identificar, de imediato, os fatores de risco preponderantes associados a cada fundo. Por isso, os fundos são classificados de acordo com a composição de seu patrimônio, ou seja, de acordo com o tipo de ativos que pode ser adquirido para sua carteira, já que uma carteira pode ser composta por diversos tipos de ativos, como títulos públicos, títulos de emissão bancária, ações, debêntures e derivativos (futuros e opções).

Os fundos de renda fixa, por exemplo, investem em títulos de renda fixa, enquanto os fundos cambiais investem com a finalidade de acompanhar a cotação do dólar.

As principais categorias são:

Fundo de Renda Fixa

O fundo de renda fixa deve ter como principal fator de risco de sua carteira a variação da taxa de juros doméstica (Selic) ou de índice de preços (IPCA), ou ambos.

COMPOSIÇÃO DA CARTEIRA:

No mínimo, 80% da carteira em ativos relacionados diretamente ou sintetizados via derivativos ao fator de risco que dá nome à classe.

Pode ser utilizada a cota de abertura para o cálculo do valor da cota.

O fundo poderá manter em sua carteira ativos financeiros negociados no exterior, até o limite de 10%.

Até o limite de 20% de seu patrimônio líquido, em cotas de fundo de investimento imobiliário, de fundos de investimento em direitos creditórios e de fundos de investimento em cotas de fundos de investimento em direitos creditórios, desde que previsto em seus regulamentos.

Fundo de Ações

Os fundos classificados como ações devem ter como principal fator de risco a variação de preços de ações.

COMPOSIÇÃO DA CARTEIRA:

Deve manter no mínimo 67% em:

Ações emitidas à negociação em Bolsa de Valores.

Cotas de fundos de ações ou cotas dos fundos de índices de ações negociadas no mercado.

O fundo poderá manter em sua carteira ativos financeiros negociados no exterior até o limite de 10%.

Fundo Multimercado

Apresenta vários fatores de risco em sua política de investimento, sem o compromisso de concentração em nenhum fator em especial ou em fatores diferentes das demais classes dos fundos.

São muitas as estratégias permitidas nos fundos multimercados, sendo a categoria que mais dá liberdade ao gestor em suas decisões, incluindo praticamente todos os tipos de ativos, podendo misturar renda fixa, renda variável e derivativos.

Por conta dessa enorme abrangência, o investidor deve sempre ficar atento aos riscos e à possibilidade de retorno associadas às estratégias escolhidas no fundo de seu interesse.

Fundo Cambial

O fundo cambial tem como principal fator de risco de sua carteira a variação de preços de moeda estrangeira ou a variação do cupom cambial.

Composição da carteira:

No mínimo, 80% da carteira deverá ser composta por ativos relacionados diretamente ou sintetizados via derivativos ao fator de risco que dá nome à classe.

O fundo poderá manter em sua carteira ativos financeiros negociados no exterior até o limite de 10%.

Outros Tipos de Fundos

FIDC — FUNDO DE INVESTIMENTO EM DIREITOS CREDITÓRIOS

São os fundos constituídos por títulos de crédito oriundos de operações realizadas nas instituições financeiras, na indústria, nas empresas de arrendamento mercantil, instituições que operam com hipoteca, prestação de serviços e outros títulos que possam ser admitidos como direito pela CVM.

A rentabilidade dos FIDCs tende a ser maior do que fundos DI e fundos de renda fixa, mas os títulos de crédito que os FIDCs compram têm um risco muito maior de inadimplência.

Identificar se o fundo tem tradição nesse tipo de título é interessante, a fim de mensurar os riscos envolvidos. Na maioria dos casos, é indicado somente para investidores qualificados.

FII — FUNDOS IMOBILIÁRIOS

Os fundos de investimento imobiliário se destinam ao desenvolvimento de empreendimentos imobiliários. O administrador é apenas o proprietário fiduciário dos bens imóveis adquiridos com os recursos dos fundos, ou seja, administra e dispõe dos bens de acordo com a legislação e o regulamento do fundo.

Os fundos imobiliários são fundos fechados, ou seja, não permitem aplicação e resgate a qualquer tempo, sendo necessário que o investidor participe de uma oferta pública ou adquira cotas em mercado secundário, comprando de outros investidores, o que pode ser feito via Bolsa de Valores.

É uma alternativa para investidores que queiram se beneficiar do crescimento do mercado imobiliário ou obter renda recorrente, uma vez que grande parte dos fundos imobiliários tem dinâmica parecida à do investimento tradicional em imóvel para aluguel, pagando rendimentos periodicamente diretamente na conta do investidor. Isso ocorre porque muitos desses fundos compram imóveis que serão locados para empresas, sendo os aluguéis revertidos para os cotistas, em grande parte dos casos, mensalmente.

Além disso, os valores de cada cota de FII podem ser encontrados em torno de R$100,00 no mercado, o que permite o fracionamento do investimento sem que o investidor tenha que dispor de todo o capital necessário para uma aquisição direta de imóvel.

ETF — EXCHANGE TRADED FUNDS E FUNDOS DE ÍNDICE

Existem fundos de índice negociados em Bolsa chamados de ETF, que permitem ao investidor adquirir, por meio de um único ativo, uma carteira diversificada que acompanha de maneira passiva um determinado índice de mercado.

O PIBB11 é um exemplo de ETF que pode ser adquirido da mesma forma que uma ação, porém, dentro do PIBB11, existe uma carteira de ações que seguem o índice IBrX 50.

O IBrX 50 é um índice que mede o retorno total de uma carteira teórica composta por 50 ações selecionadas entre as mais negociadas na B3 em termos de liquidez, ponderadas na carteira pelo valor de mercado das ações disponíveis para negociação.

Outro exemplo de ETF é o BOVA11, que acompanha o índice Bovespa.

Os ETF são muito populares no exterior como alternativa que permite o investimento de maneira simplificada e amplamente diversificada com baixo custo. São fundos fechados de gestão passiva, ou seja, o gestor não fará nenhum trabalho de seleção dos ativos, apenas adquirirá os ativos que compõem determinado índice, nas respectivas proporções, sem qualquer juízo de valor qualitativo sobre eles.

Existem também fundos de gestão passiva que acompanham índices e que não são ETF. Esses fundos partem do mesmo princípio: acompanham um determinado índice, de maneira passiva, amplamente diversificada, mas não são negociados em

Bolsa e, portanto, podem receber aplicações e resgates dos investidores a qualquer tempo, de acordo com as regras estabelecidas em seu regulamento.

FIP — FUNDO DE INVESTIMENTO EM PARTICIPAÇÕES

O FIP é uma comunhão de recursos destinados à aquisição de ações, debêntures, bônus de subscrição ou outros títulos e valores mobiliários ou permutáveis em ações de emissão de companhias, abertas ou fechadas, participando do processo decisório — e de controle — da companhia investida, com efetiva influência na definição de sua política estratégica e na sua gestão, notadamente por meio da indicação de membros do Conselho de Administração.

Esses fundos de investimento em participações tendem a ser menos líquidos do que outras opções disponíveis no mercado de fundos. Têm características mais longas e podem ser mais indicados para investidores com maior capital disponível para aplicação.

CUSTOS EM FUNDOS

Certamente, a esta altura, o investidor pode pensar: se posso contar com um veículo de investimento com administração profissional e seleção de ativos por um especialista do mercado, isso deve ter algum custo. E é claro que tem. Vamos a eles:

Taxa de Administração

A taxa de administração é a receita que remunera todos os profissionais envolvidos na estrutura do fundo. Ela é expressa ao ano (1% ao ano, 2% ao ano, 0,5% ao ano) e provisionada diariamente direto na cota do fundo.

Quando expliquei sobre as cotas dos fundos, mostrei que o valor de cada cota é calculado de acordo com o valor dos ativos do fundo, descontadas as despesas. Como a taxa de administração é uma despesa para o cotista, a rentabilidade que os fundos divulgam já é descontada da taxa de administração. Essa questão é muito importante para qualquer investidor interessado em investir em fundos, pois permite a ele comparar a rentabilidade realmente entregue pelo fundo, sem ter que fazer contas adicionais, que dificultariam a comparação.

Ela é cobrada sobre o patrimônio total do fundo, independente de desempenho, uma vez que o serviço de alocar recursos investidos está sendo feito, e os riscos, como vimos anteriormente, dependem da categoria de cada fundo, sendo que o tipo de fundo a ser investido é uma escolha do investidor. Isso significa que cabe atenção do investidor na escolha do fundo em que pretende investir.

As taxas de administração costumam variar de acordo com o tipo do fundo, pois existem aqueles que exigem maior ou menor empenho na gestão. Pode-se mencionar as diferentes complexidades de gestão entre fundos de gestão passiva e de gestão ativa e dos diferentes mercados de atuação, como fundos de renda fixa e fundos de ações. A comparação de fundos pelas taxas de administração cobradas, portanto, deve ser feita entre fundos da mesma categoria.

Taxa de Performance

Muitos fundos têm, além da taxa de administração, uma taxa chamada de taxa de performance. O objetivo dessa taxa é premiar o trabalho de gestão com uma remuneração adicional que ocorre apenas caso o desempenho do fundo supere um determinado indicador.

Alguns exemplos de taxa de performance:

◆ 20% sobre o que exceder o índice Bovespa.
◆ 20% sobre o que exceder o CDI.

Tal qual a taxa de administração, ela também é provisionada diariamente e já é abatida no cálculo da cota do fundo, Contudo, ela só existe em caso de sucesso, o que pode ser considerado um alinhamento de interesses entre investidores e cotistas.

Importante observar que a rentabilidade divulgada pelos fundos também já desconta quaisquer taxas de performance que sejam cobradas dos cotistas.

Para a cobrança de performance, existe o conceito de linha d'água. Imagine que o objetivo de um determinado fundo seja superar o índice Bovespa e que um determinado investidor invista R$100 mil. Suponha agora que o Ibovespa suba 10% em um determinado período, enquanto o fundo rentabilize 12%, levando seus investimentos para R$112 mil. No período seguinte, no entanto, o índice caiu 20%, e o fundo também se desvalorizou na mesma proporção, levando o valor investido para R$89.600. Em um terceiro momento, o Ibovespa subiu 5%, enquanto o fundo rentabilizou 6%, levando o investimento para R$94.980.

Pergunta: existirá cobrança de taxa de performance no último período, quando o fundo rendeu 6% contra 5% do índice de referência?

A resposta é não! Pelo conceito de linha d'água, a cobrança só pode ocorrer quando o valor do investimento superar o nível de R$100 mil novamente, porque, ao fazer a medição total da aplicação, verifica-se que, para esse investidor, não há rentabilidade positiva que justifique o pagamento de uma taxa de performance. Ou seja: não há pagamento de taxa de performance para rentabilidade negativa nem para rentabilidade positiva que não supere a linha d'água.

Por isso, a taxa de performance é provisionada diariamente na cota do fundo, mas paga efetivamente semestralmente, sendo que a apuração final de seu valor se dá também semestralmente. Observe novamente que o investidor não precisa fazer nenhum pagamento de boleto referente a essa taxa. O recolhimento é feito pelo administrador e já devidamente provisionado diariamente na cota do fundo.

Taxa de Saída

A taxa de saída é cobrada por alguns fundos para penalizar o resgate do investidor antes do prazo estipulado.

Vamos supor que um determinado fundo, em seu regulamento, estabeleça que os resgates sejam feitos em D+30, ou seja, trinta dias após a solicitação de um investidor, porque ele prevê investimentos em ativos de menor liquidez.

Pode ser que o mesmo fundo estabeleça em regulamento a possibilidade de o cotista receber o resgate não em trinta dias, mas em três, porém com o pagamento de uma taxa de saída que compense o risco do gestor ter que se desfazer com maior velocidade dos ativos que tem em carteira para pagamento desse resgate.

Note, portanto, que a taxa de saída (no caso mencionado) só existirá se o investidor quiser fazer o resgate antes do período estipulado e se estiver prevista em regulamento, sendo, portanto, uma conveniência para aqueles que queiram dispor dos recursos antes do prazo combinado.

Observe também que investidores que fazem investimentos planejados de acordo com suas necessidades nunca pagarão esse tipo de taxa, pois fazem as escolhas de investimentos de acordo com sua necessidade de liquidez. E a maneira de você escolher corretamente os investimentos de acordo com suas necessidades será detalhada na segunda parte do livro.

Outras Despesas de um Fundo

Existem outras despesas relativas aos fundos e que, de uma forma ou de outra, impactarão no valor da cota, tais como: taxas; impostos ou contribuições federais, estaduais, municipais ou autárquicas, que recaiam ou venham a recair sobre os bens, direitos e obrigações do fundo; despesas com o registro de documentos em cartório; impressão; expedição; publicação de relatórios e informações periódicas prevista nas instruções da CVM; despesas com correspondência de interesse do fundo, inclusive comunicações aos cotistas; honorários e despesas do auditor independente; emolumentos e comissões pagas por operações do fundo; honorários de advogado; custas e despesas processuais correlatas, incorridas em razão da defesa dos interesses do fundo, em juízo ou fora dele, inclusive o valor da condenação imputada ao fundo, se for o caso; despesas relacionadas, direta ou indiretamente, ao exercício de direito de voto do fundo pelo administrador ou por seus representantes legalmente constituídos, em assembleias gerais de companhias nas quais o fundo detenha participação; despesas com custódia e liquidação de operações com títulos e valores mobiliários; ativos financeiros e modalidades operacionais; despesas com fechamento de câmbio vinculadas às suas operações ou com certificados ou recibos de depósito de valores mobiliários; no caso de fundo fechado, a contribuição anual devida às Bolsas de Valores ou às entidades do mercado de balcão organizado em que o fundo tenha suas cotas admitidas à negociação, entre outras. Em resumo: despesas decorrentes da própria existência burocrática do fundo.

O importante, e reforço mais uma vez, é que todas as despesas dos fundos devem ser provisionadas sempre do cálculo do valor da cota, para que o investidor saiba a rentabilidade final correta de seu investimento.

Quaisquer outras despesas não previstas como encargos do fundo, inclusive as relativas à elaboração do prospecto, correm por conta do administrador, devendo ser por ele contratadas.

Vantagens dos Fundos Frente aos Ativos

O primeiro benefício que os fundos oferecem é o acesso a mais ativos, mais mercados e melhores oportunidades de investimento, que são negociados muitas vezes no mercado institucional. Além disso, eles oferecem ao investidor uma diversificação de ativos muito maior, se comparados a uma aplicação direta — o que pode representar uma redução nos riscos.

Em relação aos riscos, é importante lembrar que, apesar de não terem garantia do FGC, os fundos têm uma diversificação de ativos tão grande, que, em caso de problema de crédito com determinado ativo, o fundo poderá ter rendimento menor, mas dificilmente resultará em problemas maiores para o investidor. Ou seja, a capacidade de diversificação do investimento via fundos é bem superior devido ao montante total a ser investido.

A liquidez e a facilidade de resgate também são pontos positivos dos fundos — que, consequentemente, beneficiam o investidor. Uma debênture pode ter um longo período para seu vencimento sem grandes oportunidades de saída ao investidor, porém, um fundo que compra debêntures tem muito mais flexibilidade, porque parte do caixa está alocado em ativos mais líquidos, fornecendo uma liquidez bem melhor.

Outra vantagem é que, ao investir via fundos, o investidor está contratando um serviço que inclui um especialista para tomar as decisões de investimento, contando com toda a regulamentação da atividade. Os fornecedores de serviços incluídos na estrutura do fundo têm instrumentos de gestão de risco tanto no aspecto burocrático quanto no de gestão. E isso libera o tempo do investidor.

Desvantagens dos Fundos Frente aos Ativos

Já na compra direta, o investidor está no comando das decisões de investimento, estando em suas mãos a tomada de decisão quanto à composição de sua carteira particular e, consequentemente, a escolha dos ativos no qual deseja investir.

A compra direta permite ao investidor controlar e gerenciar pessoalmente os riscos de sua carteira e dos ativos que a compõem, escolher os ativos de renda fixa que prefere, as ações que prefere e montar todas as posições de maneira totalmente independente.

FUNDOS E PREVIDÊNCIA **133**

Outro benefício que pode ser citado é a inexistência de todas as regras dos fundos. Como mostrei anteriormente, existe uma série de controles sobre os fundos, limites de concentração em emissores e outros fatores que não existe na alocação direta. Tudo aquilo que existe no fundo que visa criar uma estrutura que beneficie aquele conjunto de "condôminos" de maneira equilibrada só é possível justamente pela existência de regras que devem ser seguidas e que muitas vezes limitam os gestores.

Mais um benefício dos ativos diretos é o custo. Na compra dos ativos diretos, podem existir custos operacionais, mas não há os custos de taxa de administração nem performance, e esse é um argumento muito usado pelo grupo de investidores defensores da compra direta de ativos, uma vez que, em longo prazo, o custo de administração pode pesar.

Sobre a tributação, a incidência do imposto come-cotas, em longo prazo, também traz impacto para investidores, o que pode ser evitado na compra de ativos diretos, mas há muitas controvérsias sobre esse tema, e eu mesmo já fiz várias publicações sobre isso em artigos no meu site[5], em vídeos e lives no meu canal do YouTube.[6]

IMPOSTOS EM FUNDOS DE INVESTIMENTO

Fundos Abertos

Os impostos em fundos de investimento variam conforme a categoria de cada fundo.

Os fundos de renda fixa, cambiais e a maioria dos fundos multimercados seguem as alíquotas de IR apresentadas nas Tabelas 1 e 2, no capítulo sobre renda fixa.

Já os fundos de ações têm a tributação idêntica às operações normais de ações: 15% sobre ganhos, independente do prazo e sem incidência de IOF nos trinta primeiros dias.

Existem alguns fundos multimercados que, devido ao fato de se manterem sempre com mais de 67% do patrimônio investido em ações, também são tributados como fundos de ações.

---

5. www.andrebona.com.br
6. https://www.youtube.com/andrelvbona

Mas há um ponto diferenciado na cobrança do imposto em fundos de investimento, que é o chamado imposto come-cotas.

O imposto come-cotas é uma antecipação do imposto, cobrado na maioria dos multimercados, nos fundos de renda fixa e cambiais em maio e novembro, na menor alíquota da tabela de IR (15% sobre ganhos). Ele é chamado de come-cotas, pois, após sua apuração, um número exato de cotas é resgatado para o seu recolhimento pela instituição financeira, de maneira que ele reduz a quantidade de cotas que um investidor tem.

O imposto come-cotas não deve ser entendido como um imposto adicional. Como explicado, ele é uma antecipação, de maneira que, no evento de resgate, o imposto a ser recolhido será justamente a diferença entre aquele estabelecido pela Tabela 1 e o que já foi recolhido. Ele também não se acumula nas sucessivas cobranças semestrais, uma vez que a rentabilidade já tributada em come-cotas anterior não será tributada novamente.

Fundos de Curto Prazo

Existe uma modalidade de fundo denominada fundo de curto prazo. Na Parte II do livro, explicarei sobre a estratégia de alocação de investimentos e utilizarei a denominação "investimentos de curto prazo", porém, não se trata da mesma coisa. Os fundos de curto prazo aqui mencionados são os que obedecem a uma classificação para fins tributários e se referem àqueles fundos que têm em carteira apenas títulos com vencimento igual ou inferior a 365 dias. Esse tipo de fundo nem é encontrado nas plataformas de investimento, e raramente nos bancos, mas é importante ter atenção, caso o investidor se depare com ele.

Esses fundos de curto prazo são tributados conforme a Tabela 12:

TABELA 12	
Prazo do investimento	Alíquota do Imposto de Renda
De 0 a 180 dias	22,5%
Acima de 180 dias	20%

Como a menor alíquota para essa categoria é de 20%, o imposto come-cotas incidente será também de 20%.

Em caso de dúvidas, é sempre possível consultar a lâmina de informações essenciais e o regulamento de cada fundo para a compreensão da regra de tributação aplicável.

Fundos Fechados

Os impostos dos fundos abertos são todos calculados e retidos automaticamente sem que recaia qualquer trabalho operacional ao investidor. Porém, há diferenças quanto aos fundos fechados, tais como ETFs e FIIs. Como ambos têm suas cotas negociadas em Bolsa, a apuração é diferente.

No caso dos ETFs, por serem essencialmente fundos de ações, a alíquota de IR é de 15%, porém, a apuração cabe ao investidor da mesma maneira que é feita com ações, com a ressalva de que não há isenção para vendas abaixo de R$20 mil em um mesmo mês. Já a tributação dos FIIs é de 20% sobre os ganhos de capital e deve ser apurada pelo próprio investidor. Também não se aplica a isenção de IR para vendas inferiores a R$20 mil no caso dos FIIs. Os dividendos periódicos distribuídos pelos FIIs geralmente são isentos de IR para o investidor pessoa física.

CONCLUSÕES SOBRE FUNDOS DE INVESTIMENTO

Detalhei as principais informações que um investidor precisa conhecer para entender o funcionamento dos fundos de investimento, desde aspectos relacionados à sua estruturação, regulação, até a sua classificação em categorias, que permite a compreensão dos riscos associados a cada política de investimento.

De maneira bem didática, considere que os ativos seriam frutas, e os fundos, os potes de uma salada de frutas. Um "fundo de goiaba" é um pote que contém goiabas de todos os tipos, buscando sempre um sabor superior ao de um único tipo de goiaba. Um "fundo de maçã" é uma tigela que contém todos os tipos de maçã. O "fundo de banana", da mesma forma. E pode existir também o "fundo salada de frutas", que permite ao gestor colocar em sua tigela todos os tipos de frutas misturados. Dessa maneira, cada investidor consegue saber que não será possível sentir o gosto de manga em um fundo de banana.

Esta é a essência do entendimento dos fundos: saber o que tem dentro deles. Saber que tipo de ativos estão lá dentro permite compreender também seus riscos e seus potenciais de retorno.

Existe, ainda, uma discussão que por vezes se torna acalorada entre investidores e que diz respeito à preferência ou não pelo uso de fundos em comparação aos ativos individualmente. Conheço argumentos das duas partes e concordo que existem bons pontos em ambas, de forma que não cabe a mim cravar de maneira definitiva qual é a melhor. A minha crença pessoal é a de que nem há a necessidade desse dualismo, podendo as duas ideias coexistirem e investidores terem ambas em sua carteira. E mais importante do que essa disputa é a alocação da carteira, que será tratada na Parte II do livro.

Obviamente, haverá situações em que os ativos poderão ser opções melhores de investimento, mas também haverá momentos em que os fundos serão opções mais interessantes para o investidor. Tudo isso depende de fatores individuais.

É importante, no entanto, quebrar o paradigma de que investimentos com maior custo, por exemplo, são menos atrativos que investimentos sem taxa. Ou de que o investimento "x" é melhor do que o investimento "y".

No processo de composição de carteira de investimentos, haverá sempre espaço para diversos tipos de investimento. A composição dessa carteira dependerá justamente dos objetivos e finalidades do investidor, de seu perfil e da situação de cada opção de investimento no momento da aplicação. A diversificação, portanto, permite que uma ampla gama de investimentos possa ser escolhida pelo investidor para a composição de sua carteira de investimentos.

PREVIDÊNCIA PRIVADA

Os planos de previdência privada funcionam de maneira similar aos fundos de investimento, por isso, também são chamados de fundos de previdência e têm categorias que investem totalmente em renda fixa ou misturam renda fixa com renda variável.

O que os diferencia dos fundos e os tornam "fundos de previdência" são algumas características que serão detalhadas agora.

Renda de aposentadoria

Os planos de previdência têm como função essencial, mas não única, justamente a construção de uma aposentadoria complementar.

Imagine que uma pessoa tenha uma renda mensal de R$15 mil e trabalhe de acordo com as regras da CLT. Dessa maneira, suas contribuições junto ao INSS têm um limite, e, ao fim de sua vida produtiva, sua aposentadoria também estará limitada ao teto.

Se o teto do INSS for, digamos, de R$6 mil e ela fizer jus ao teto, então ela terá uma queda de R$9 mil ao sair da condição de ativo para aposentado, pois recebia R$15 mil de salário e receberá R$6 mil do INSS como aposentadoria.

É aí que entra o plano de previdência privada, também chamado de previdência complementar, no qual o indivíduo pode formar um patrimônio que tem a finalidade de melhorar a aposentadoria por uma via paralela.

Dessa maneira, o indivíduo adere a um plano de previdência privada e faz suas contribuições ao longo dos anos, de maneira que, ao se aposentar, terá também a possibilidade de ter uma renda vitalícia adicional à aposentadoria do INSS, de acordo com o período em que acumulou no plano de previdência. Essa renda vitalícia dependerá de quanto foi acumulado ao longo do período.

Há outras maneiras de usufruir dos recursos acumulados, não convertendo o valor acumulado em renda vitalícia. Mas a essência da previdência é esta: acumular um patrimônio que possa ser utilizado futuramente, da maneira que mais se adequar a cada situação, para financiar a velhice.

PGBL e VGBL

Os planos de previdência privada podem ser classificados em VGBL (vida gerador de benefício livre) e PGBL (plano gerador de benefício livre).

Os planos VGBL se assemelham muito aos investimentos tradicionais e são tributados ao fim do período, em função da rentabilidade acumulada.

Já os planos PGBL têm um benefício fiscal significativo para aqueles indivíduos que fazem a declaração completa do imposto de renda: toda sua contribuição anual pode ser abatida da base de cálculo do imposto no limite de até 12%.

Isso significa que, se um indivíduo tem uma renda bruta anual de, digamos, R$120 mil e faça aportes em um plano PGBL no limite de 12%, ou seja, R$14.400, então sua base de cálculo será de R$120.000 − R$14.400 = R$ 105.600, e é em cima desse valor que seu imposto será calculado, não em cima dos R$120 mil.

Isso representa uma postergação do imposto sobre os R$14.400, que pode durar décadas, nas quais o dinheiro permanecerá aplicado, rendendo. Ao fim do período, a tributação incidirá sobre o total resgatado, não apenas sobre a rentabilidade. Mas, na verdade, trata-se de um imposto que deveria ter sido pago na origem e foi postergado por anos e anos, gerando crescimento patrimonial para o investidor, o que constitui uma vantagem tributária interessante.

Por simplificação, entende-se que indivíduos que fazem a declaração do imposto de renda simplificada devem optar pelo VGBL, enquanto aqueles que fazem a declaração completa podem usar o PGBL e seus benefícios. Em algumas situações práticas, já vi indivíduos que faziam a declaração simplificada e que, portanto, o VGBL era a decisão óbvia, mas mudar a declaração para usar o PGBL fazia sentido. Cada caso deve ser analisado individualmente.

Tributação

Quanto à tabela de tributação, existem duas opções: (a) tabela progressiva compensável e (b) tabela regressiva definitiva.

A tabela progressiva e compensável acompanha a progressão do imposto de renda sobre os salários, de maneira que, no momento dos resgates, sofrem tributação de 15% na fonte, mas, na declaração anual, serão consideradas também como renda salarial, de maneira que haverá uma compensação do imposto, e a diferença será considerada.

A tabela se altera de tempos em tempos, podendo ser consultada diretamente no site da Receita Federal.[7]

Isso significa que, quanto maior for o montante resgatado, maior será o imposto, podendo chegar a 27,5%.

---

7. http://Receita.economia.gov.br/Acesso-Rapido/Tributos/
Irpf-Imposto-De-Renda-Pessoa-Fisica#Tabelas-De-Incid-Ncia-Mensal

Já a tabela regressiva definitiva não tem relação nenhuma com a renda anual e se baseia apenas nos valores acumulados e resgatados em previdência. Nesse caso, a alíquota do imposto de renda diminui a cada dois anos, conforme a Tabela 13.

TABELA 13	
Prazo do resgate	**Alíquota**
Até 2 anos	35%
De 2 a 4 anos	30%
De 4 a 6 anos	25%
De 6 a 8 anos	20%
De 8 a 10 anos	15%
Acima de 10 anos	10%

Ou seja, para aquele indivíduo que está acumulando recursos na previdência realmente com orientação de longo prazo, a alíquota pode ser a menor dentre todos os produtos tributados no mercado financeiro.

Um outro benefício tributário que os fundos de previdência têm é sobre a ausência de come-cotas. A diferença entre um investimento com come-cotas e outro sem, considerando que as demais condições sejam similares, é significativa, beneficiando, assim, investidores que estejam realmente planejados e executando planos de longo prazo.

Custos em Previdência

Nos fundos de previdência, existe o custo de taxa de administração, tal qual nos fundos não previdenciários, e uma taxa chamada de taxa de carregamento.

A taxa de carregamento incide sobre o valor de cada aporte feito. Digamos que se faça um plano de previdência com aportes mensais de R$1.000 e que a taxa de carregamento seja de 5%. Isso significa que dos R$1.000 pagos, 5% não serão acumulados, mas serão uma taxa paga a instituição financeira. Apenas R$950 serão adicionados realmente ao patrimônio previdenciário do investidor.

Porém, em função da acirrada concorrência por esse filão de mercado, grandes bancos e plataformas de investimento têm trabalhado preponderantemente com planos sem taxa de carregamento. Mas é muito importante se informar sobre isso no momento da contratação de um plano.

Portabilidade

Outro benefício significativo dos planos de previdência é a possibilidade da portabilidade. Uma vez que se identifique que o plano de previdência escolhido tem custos elevados e/ou baixo desempenho, se comparado às alternativas do mercado, não é necessário fazer o resgate, recolher impostos e então fazer uma nova aplicação. Basta fazer a portabilidade entre os planos, sem qualquer tipo de custo.

Sucessão

Outro benefício importante dos planos de previdência diz respeito à sucessão patrimonial. Ao aderir a um plano de previdência, pode-se definir também beneficiários e suas devidas proporções de distribuição em caso de falecimento do titular. E então, na sucessão, o recurso é destinado diretamente para os beneficiários de maneira direta, sem entrar em inventário e sem maiores burocracias.

Esse benefício é importante e permite um planejamento sucessório mais confortável para os envolvidos.

CONCLUSÕES SOBRE
PREVIDÊNCIA

Como podemos observar, os planos de previdência apresentam benefícios que outros produtos de investimento não têm e, certamente, devem ser considerados na escolha de um investidor em seu planejamento financeiro.

CONCLUSÕES SOBRE

A PARTE I DO LIVRO

A esta altura, é possível que todas essas informações expostas tragam uma infinidade de dúvidas, especialmente sobre como decidir qual investimento escolher. Você viu investimentos conservadores, agressivos, fundos, ativos direto, fundos de previdência, regras de tributação, e talvez tudo possa parecer ainda mais difícil para a tomada de decisão.

Não se preocupe. A Parte I do livro tem a finalidade de nivelar todas as informações necessárias para a Parte II, que te mostrará exatamente como escolher seus investimentos de maneira tranquila, organizada, e que todos eles possam atuar em conjunto para ajudá-lo a alcançar seus objetivos financeiros.

Existem, ainda, outros investimentos disponíveis no mercado financeiro, assim como outros tipos de operações em renda variável, incluindo mercados futuros, mercado a termo, aluguel de ações, e investimentos que mesclam renda fixa e renda variável, como o COE (certificado de operações estruturadas).

Porém, com o entendimento do que aqui apresentamos, qualquer investidor é capaz de montar uma carteira de investimento excelente, baseando-se em um método simples e confortável, que é exatamente o que será tratado agora.

Você descobrirá que investir bem não se trata de um jogo de adivinhação sobre aquilo que renderá mais em um determinado período, mas, sim, de compreender os diferentes tipos de investimento e que cada um deles tem uma finalidade, ou seja, cada um deles serve para alguma coisa específica. Em cima disso, será possível fazer a escolha perfeita!

PARTE II

Em busca do investimento perfeito

Capítulo IV

ALOCAÇÃO DE RECURSOS

INTRODUÇÃO À ALOCAÇÃO DE INVESTIMENTOS

Imagine que eu dissesse que, para montar uma carteira de investimentos, seriam necessários conhecimentos profundos de estatísticas (desvio-padrão, variância, correlação positiva e negativa) e que, sem esse entendimento, não seria possível.

Além disso, seria importante também monitorar os cenários econômicos frequentemente, verificar diariamente as notícias, os impactos das altas e baixas das taxas de juros no Brasil e no exterior, inflação, dólar, planos econômicos, oscilações das Bolsas de Valores e informações da política.

Talvez muitos investidores prefiram, então, deixar seus recursos na caderneta de poupança e seguir a vida, justamente porque o tempo que seria necessário dedicar a essa atividade comprometeria seu trabalho e seu lazer com a família e traria muito mais preocupação do que benefícios.

Como prometi na primeira parte deste livro, apresentarei o método OIP de fazer investimentos com simplicidade, segurança e tranquilidade, que poderá ser utilizado em qualquer cenário econômico e levará você a alcançar seus objetivos!

ALOCAÇÃO DE RECURSOS

Diariamente, somos obrigados a tomar decisões de alocação de recursos. Alocar recursos é destinar dinheiro, recursos materiais e humanos em busca de um resultado mais eficiente.

Alocamos recursos a todo momento, ao tomar uma simples decisão de tomar café em casa ou na rua (alocação de tempo e dinheiro), ao decidir entre a compra de um carro mais econômico ou um mais luxuoso (dinheiro), ao dividirmos nosso tempo durante o trabalho conforme tarefas e prazos (tempo), ao remanejarmos pessoas de um setor ao outro (pessoas). Os governos também lutam para tentar alocar recursos da maneira que melhor satisfaça aos anseios de seus eleitores.

Repare que o exercício de alocação é infinitamente mais abrangente do que a construção de uma carteira de investimentos financeiros, mas segue o mesmo princípio, que é a busca pela eficiência.

Note, portanto, que os investimentos financeiros são apenas uma parte de toda a alocação de recursos que cada um de nós precisa fazer sempre.

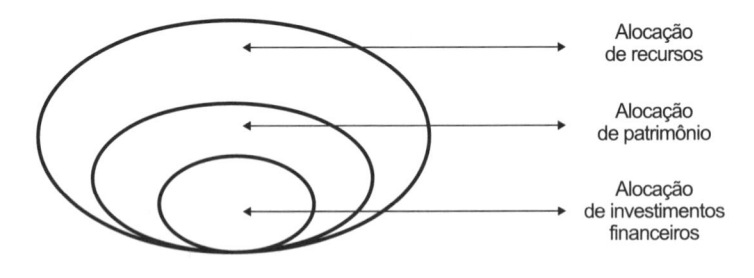

Figura 35

Um erro comum cometido por muitos investidores é entender "alocação de investimentos financeiros" como sinônimo de "diversificação". Alocar tem a ver com distribuir recursos, buscando melhor eficiência, enquanto a diversificação pode ser feita aleatoriamente. Em alguns casos, a alocação eficiente pode ser "não diversificar", como será mostrado mais adiante.

Para ilustrar a diferença entre as duas coisas, recorro frequentemente a um conceito que ouvi pela primeira vez de um educador financeiro chamado Leandro Ávila[1] em uma troca de e-mails que tivemos alguns anos atrás. É o conceito de saco de investimentos.

O saco de investimentos é uma carteira de investimentos financeiros em que um investidor adquire produtos aleatoriamente sob a premissa de que diversificar é sempre bom, mas sem maiores reflexões sobre o que está fazendo. Não há um processo orientado para as escolhas e nem para a eficiência. A cada novo dinheiro guardado, um novo produto diferente é escolhido sem qualquer motivo e entendimento sobre ele. O saco de investimentos é um exemplo perfeito de diversificação que não é alocação, já que não tem nenhum compromisso com a eficiência da combinação dessas escolhas.

Utilizo as orquestras musicais como exemplo de alocação eficiente, nas quais cada um dos músicos desempenha um papel individual, diferente e preciso, de maneira que o som coletivo é uma obra de arte do mais alto padrão.

ASPECTOS COMPORTAMENTAIS

No dia a dia, o investidor comum[2] controla seu orçamento fazendo dinheiro, e então precisa decidir o que fazer com ele. Durante o café da manhã, liga a TV para ver o noticiário e é bombardeado por informações sobre a política, a economia, o dólar, as Bolsas e os conflitos em todos os cantos do mundo. A consequência dessa realidade é que o investidor se sente extremamente inseguro e com receio de tomar qualquer decisão com seu dinheiro. O excesso de informação vira um problema. Além disso, existem os vieses comportamentais que nos levam a tomar decisões que parecem racionais, mas não são.

---

1. https://www.clubedospoupadores/

2. Aquele que não é um profissional do mercado financeiro.

Existe uma turma de estudiosos da economia comportamental, tais como Daniel Kahneman, Richard Thaler, Amos Tversky, entre outros, que mostram, por experimentos, diversos vieses cognitivos que deturpam completamente nossa capacidade de tomar decisões racionais.

Nos livros *Rápido e devagar*: Duas formas de pensar, de Kahneman, e *Misbehaving*: A construção da economia comportamental, de Richard Thaler, há diversos testes que foram realizados em situações reais e que, durante a leitura, o leitor percebe em si mesmo os mesmos erros ali relatados.

Separei apenas dois trechos do material de Kahneman para exemplificar:

> "Efeitos de disponibilidade ajudam a explicar o padrão de aquisição de seguro após desastres (...) Entretanto, a lembrança do desastre enfraquece com o tempo, e igualmente a preocupação e a diligência."[3]

O efeito da disponibilidade está relacionado às situações que estão mais ou menos disponíveis em nossa própria memória. Quanto mais disponível na memória, maior a percepção de importância que cada indivíduo tem, embora muitas vezes não façam nenhum sentido estatístico.

Lembro-me de minha primeira viagem para a Califórnia. Quando adolescente, eu era um surfista de fim de semana que adorava comprar as revistas de surf da época, recortar e colar fotos incríveis na parede do meu quarto. Desde então, sempre tive o sonho de conhecer a Califórnia. Depois de certa idade, pude realizar esse sonho.

Acontece que eu também gosto muito de assistir a vídeos sobre vida selvagem no YouTube, especialmente sobre tubarões. Por esse motivo, quando estive na Califórnia, fiquei extremamente receoso de entrar no mar, porque estava disponível em minha memória diversas situações com tubarões que haviam sido registradas justamente nas praias de lá.

Embora estatisticamente o risco de sofrer um ataque de tubarão seja extremamente baixo, aquela informação disponível me fez dar um grau de importância incompatível com a situação.

---

3.   Extraído do livro *Rápido e devagar*: Duas formas de pensar.

"A história (...) ilustra uma limitação básica na capacidade de nossa mente de lidar com pequenos riscos: ou os ignoramos completamente ou lhes damos peso excessivo — nada entre uma coisa e outra."[4]

Se situações assim podem influenciar nas decisões do dia a dia, imagine o que pode acontecer com decisões de investimentos, quando estamos expostos a uma quantidade absurda de informações?

Alguns outros comportamentos mostram o excesso de confiança, como em uma pesquisa em que foi perguntado aos motoristas: **você dirige melhor do que a média dos motoristas?**

A resposta foi *sim* para aproximadamente 90% dos entrevistados.

Não faz o menor sentido que mais de 90% dos motoristas dirijam melhor do que a média dos motoristas, mas é assim que as pessoas respondem.

Por meio de uma série de experiências realizadas pelos professores Justin Kruger e David Dunning, foi demonstrado o que se chamou de superioridade ilusória, quando as pessoas com pouco conhecimento ou experiência sobre determinado assunto se julgam mais conhecedoras do que realmente são e, assim, tomam decisões equivocadas. O estudo mostrou que pessoas com uma pequena "carga" de informações sobre determinado tema se avaliavam com confiança maior do que outras pessoas com muito mais conhecimento e vivência no mesmo tema. Por outro lado, pessoas mais preparadas podem subestimar sua própria habilidade, enfraquecendo sua autoconfiança, no que se chamou de síndrome do impostor.

Surgiu dessa experiência o que foi denominado efeito Dunning-Kruger.[5]

Costumo chamar a atenção de meus alunos para esse efeito e dizer que, se estiverem se sentindo muito confiantes, tenham a certeza de que possivelmente são iniciantes!

Na prática, podemos ver outros exemplos, como o daquele nosso amigo que começou a aprender sobre investimentos na semana passada, mas que, no encontro de fim de semana, quer explicar para a família toda como tudo funciona. Ou

---

4. Extraído do livro *Rápido e devagar*: Duas formas de pensar.

5. https://administradores.com.br/noticias/os-prejuizos-do-efeito-dunning-kruger-para-a-vida-profissional

mesmo aquela situação do estudante universitário que, ainda na universidade, se entende como o doutor de sua área de conhecimento sem nenhuma experiência real. Podemos também falar dos adolescentes. Na verdade, todos esses exemplos foram dados na terceira pessoa, no entanto, o correto mesmo é observar que nós mesmos já estivemos em praticamente todas essas fases.

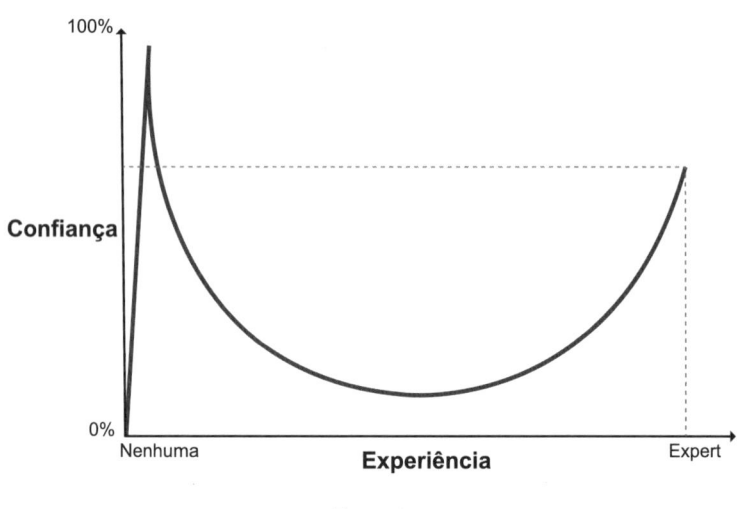

Figura 36

Em janeiro de 2020, publiquei um vídeo no meu canal do YouTube[6] explicando que não se devia pegar dinheiro emprestado para fazer investimentos financeiros e apresentei minhas considerações. Realmente fiquei impressionado com pessoas que questionaram meu argumento, alegando que eu não sabia o que estava falando ou que eu não sabia fazer corretamente. Quando alguém argumenta esse tipo de coisa, o que eu vejo é uma autodeclaração de iniciante com excesso de confiança!

Não que eu quisesse (também fui atingido pessoalmente), mas em fevereiro de 2020 estourou o coronavírus, que foi o responsável por pulverizar as Bolsas ao redor de todo o mundo. Até meados de março, a Bolsa brasileira já acumulava perto de 40% de quedas. Naquele momento, aqueles que tomaram dinheiro emprestado para investir em ações não estavam apenas perdendo dinheiro; estavam perdendo um dinheiro que nem era deles, ou seja, estavam devendo. É assim que o excesso de confiança atua.

---

6. https://youtu.be/ugBu0Cqa9to

A IMPORTÂNCIA DO MÉTODO

Ficar à mercê do noticiário para a tomada de decisão de investimentos é um erro. Estimo — sem qualquer estudo estatístico — que 95% das informações disponíveis são descartáveis e que 5% são relevantes. Porém, a princípio, é difícil identificar dentro dos 100% quais são os 5% úteis, o que nos faz, em um momento inicial de aprendizado, flertar com quase tudo.

O ponto-chave é que a quantidade absurda de informações gera mais dúvidas e ansiedade do que certezas, e absolutamente nenhum tipo de informação traz a capacidade de prever o futuro, tampouco o movimento dos mercados. Isso precisa ficar totalmente claro, porque nenhum grande investidor mundialmente conhecido sabe o que acontecerá, e vários deles já afirmaram isso em suas publicações e entrevistas.

Some-se a essa realidade os aspectos comportamentais que sabotam completamente a tomada de decisão com aparência de racionalidade, e provavelmente não será possível ter consciência disso.

Diante dessa situação, o que se deve fazer? A resposta é simples: é preciso ter um método claro e objetivo para tomar decisões de investimentos que, aconteça o que acontecer, deverá servir como um mapa para a tomada de decisão.

Investidores com frequência se sentem perdidos justamente pela falta de um método. No geral, estão todos tentando adivinhar o que acontecerá no mundo para, então, escolher um investimento que teoricamente poderia lhes entregar resultados melhores. Dedicam muito tempo a análises complexas e, no fim, tomam prejuízos ou têm ganhos pífios justamente pela falta de um método.

Ray Dalio diz em seu livro *Princípios*: Vida e trabalho, logo na introdução:

> "Independentemente do sucesso que tive na vida, tudo se deve mais a ter aprendido a lidar com o meu não saber do que com algo que de fato eu saiba. A coisa mais importante que aprendi foi uma abordagem para a vida com base em princípios que me ajuda a descobrir o que é certo e o que fazer a respeito disso.

(...)

Princípios são verdades fundamentais que servem como base para um comportamento que proverá aquilo que você deseja da vida. Eles podem ser aplicados repetidamente em situações similares para ajudá-lo a conquistar seus objetivos."

Se você não conhece Ray Dalio, ele é fundador e acionista do maior hedge fund do mundo, a firma Bridgewater, e apareceu no ranking da Forbes de 2018 como o 67º homem mais rico do mundo, com uma fortuna de US$ 17,7 bilhões.

Ray Dalio ressalta o "não saber" como uma situação permanente e da relevância que ele dá a sua abordagem baseada em "princípios", sempre norteando a tomada de decisão. Ele fala, portanto, da importância de estabelecer um método.

Muitos investidores comuns passam a vida com uma visão errada: a de que os melhores investidores são aqueles que preveem os acontecimentos. Já ouvi diretamente da boca de profissionais de outras áreas que, em suas profissões, tinham a obrigação de saber as consequências de determinadas situações e que assim também deveria ser com os profissionais do mercado financeiro.

Um deles, certa vez, afirmou isso pessoalmente com a intenção de questionar o que eu estava tentando explicar. Questionar o que eu digo não é problema, é louvável. Eu entendo que, para o desenvolvimento do pensamento crítico, é extremamente saudável cultivar um comportamento cético. Mas naquela situação, soava como algo do tipo: "Aposto que os melhores sabem, então, se você não sabe, é um problema relacionado a sua competência." Respondi da seguinte forma: "Bem, estou muito ocupado agora e não poderei continuar essa conversa. Podemos continuar amanhã? Vamos marcar um almoço?" Ele então respondeu que não poderia garantir, pois dependia de algumas questões de família ou alterações que poderiam surgir no trabalho e todas essas questões estavam fora de seu controle. QED![7]

Esta incerteza sobre confirmar o almoço é uma impossibilidade legítima, e as pessoas passam por isso quase todos os dias. Mas se não podemos confirmar um simples almoço para o dia seguinte, como poderíamos prever o dólar, a taxa Selic, o nível da Bolsa ou mesmo qual será o melhor investimento ao fim de um ano?

---

7. *Quod erat demonstrandum*: como se queira demonstrar!

Devemos nos lembrar de que a economia é uma consequência de todos os "almoços combinados" e decisões imprevisíveis de 8 bilhões de pessoas ao redor do planeta.

O Portal Exame publicou[8] em 2017 uma seleção de quinze frases de Warren Buffett, todas obviamente sensacionais. Dentre elas, destaco as seguintes:

> "O que conta para a maioria das pessoas na hora de investir não é o quanto elas sabem, mas, sim, como realisticamente elas definem o que não sabem."

> "Se simplesmente consultar dados financeiros do passado pudesse revelar o que o futuro trará, a Forbes 400 seria composta de bibliotecários."

> "O sucesso nos investimentos não depende de Q.I., desde que o seu seja maior que 25. Caso tenha inteligência normal, precisará apenas que seu temperamento seja capaz de controlar os impulsos que levam outras pessoas a ter problemas em investimentos."

Repare que Buffett fala sobre o "não saber", fala que os dados do passado não dão nenhuma certeza sobre o futuro e também que o comportamento é essencial para fazer bons investimentos.

Benjamim Graham também escreve em seu livro *O investidor inteligente* o seguinte:

> "Vimos muito mais dinheiro ser ganho e mantido por 'pessoas comuns' que eram, por temperamento, mais bem talhadas para o processo de investimento do que as que não tinham essa qualidade, muito embora elas tivessem um amplo conhecimento de finanças, contabilidade e dos meandros do mercado financeiro."

Note o destaque de Graham à importância do comportamento do investidor, até mesmo dos conhecimentos técnicos de mercado.

Em fevereiro de 2020, durante o CEO Conference, evento anual realizado pelo BTG Pactual em São Paulo há mais de duas décadas e voltado para líderes empresariais, mercado financeiro e líderes da política, André Esteves, senior partner do BTG Pactual, disse durante sua apresentação que, às vezes, havia muita preocupação

---

8.   https://exame.abril.com.br/mercados/os-ensinamentos-de-buffett-sobre-o-mercado-de-acoes-em-20-frases

das pessoas em querer saber da previsão para a cotação do dólar ao fim do ano, quando, na verdade, ele estaria imensamente feliz se fosse possível saber qual seria a da próxima sexta-feira.

Investir não é a tentativa de prever e fazer aquele investimento que com certeza trará o melhor retorno possível no período seguinte, mas de conseguir tomar decisões prudentes diante da impossibilidade de certezas. Ou seja, trata-se de lidar com o não saber. E é justamente o uso de um método que garante que isso ocorra.

TEORIA MODERNA DE PORTFÓLIO DE HENRY MARKOWITZ

Na década de 1950, o economista Henry Markowitz, vencedor do prêmio Nobel, publicou um modelo cuja finalidade é justamente a otimização de um portfólio de investimentos por meio de uma diversificação entre diferentes tipos de ativos, proporcionando a maximização do retorno de acordo com determinado nível de risco que se pretende assumir. Em outras palavras: um método para uma alocação de investimentos eficiente.

A ideia é combinar diferentes ativos de acordo com seus riscos, correlações e retornos esperados. Entende-se por risco, nesse método, a volatilidade dos ativos, ou seja, o quanto eles oscilam entre positivo e negativo ao longo do tempo.

A teoria moderna de portfólio é, portanto, um modelo matemático que parte da análise de grande quantidade de dados, de maneira que se possa identificar por meio da combinação entre diferentes ativos em diferentes proporções aquele conjunto capaz de gerar o máximo de retorno para cada nível de risco.

Atualmente, esse método é a base da montagem de carteiras de grande parte do mercado financeiro, tanto das grandes instituições quanto das gestoras de recursos. Uma parte significativa dos consultores financeiros, assessores, wealth managers e bancos de investimento a utilizam. Com o avanço do mercado e da tecnologia, o modelo segue sendo aperfeiçoado e é utilizado de maneira preponderante pelos robos-advisors.[9]

Na prática, funciona assim: investidores fazem uma análise de perfil e são classificados geralmente em conservadores, moderados e agressivos. Os conservadores são aqueles que toleram menos volatilidade em sua carteira, os agressivos são os que toleram mais volatilidade, e os moderados são um meio-termo. Na sequência, é apresentada uma sugestão de portfólio que incluirá mais (para perfis agressivos) ou menos (para perfis conservadores) renda variável na carteira.

Digamos que para um perfil conservador seja sugerido 5% da alocação do patrimônio financeiro em ações, e para um perfil agressivo, seja sugerido 30%. Como sabemos que as ações oscilam bem mais do que a renda fixa, a carteira do investidor agressivo também oscilará mais do que a daquele de perfil conservador. Mas por que um investidor deveria ter uma carteira com maior risco? Porque associada ao risco está uma possibilidade (não a garantia) de retornos superiores.

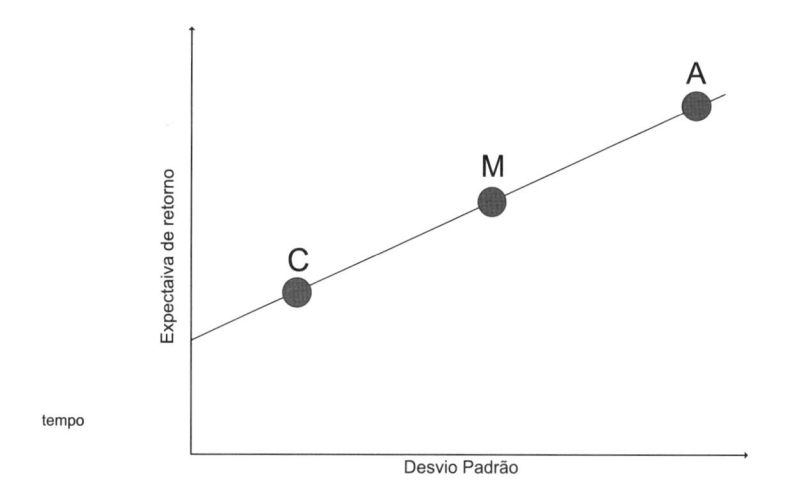

Figura 37

A Figura 37 mostra o posicionamento teórico de três carteiras de investimento, sendo uma conservadora (carteira C), uma moderada (carteira M) e uma agressiva (carteira A), dentro da relação risco (eixo X) e expectativa de retorno (eixo Y).

---

9. Serviços de gestão de recursos automatizado, no qual o investidor pessoa física faz seu investimento, e modelos matemáticos fazem a compra dos ativos nas proporções definidas pelo algoritmo, e o balanceamento é posteriormente automatizado também.

E COMO CADA CARTEIRA É CONSTRUÍDA?

Tudo começa pela observação dos dados históricos de rentabilidade e volatilidade dos ativos financeiros individualmente. Ou seja, cada ativo será individualmente um ponto no gráfico da relação entre risco e retorno. Posteriormente, pelo índice de correlação desses ativos, ou seja, se eles se movem no mesmo sentido e com que intensidade (correlação positiva), em sentidos opostos e com que intensidade (correlação negativa) ou se apresentam movimentos independentes uns dos outros (sem correlação). E, por fim, pela combinação entre esses ativos em diferentes proporções, formando as carteiras. Cada carteira, em conjunto, será um ponto no gráfico da relação risco e retorno formada pelo agrupamento das relações risco e retorno dos ativos que as compõem.

Usando o mesmo modelo da Figura 37, veja na Figura 38 como seria a exibição de uma carteira de investimentos com relação aos ativos.

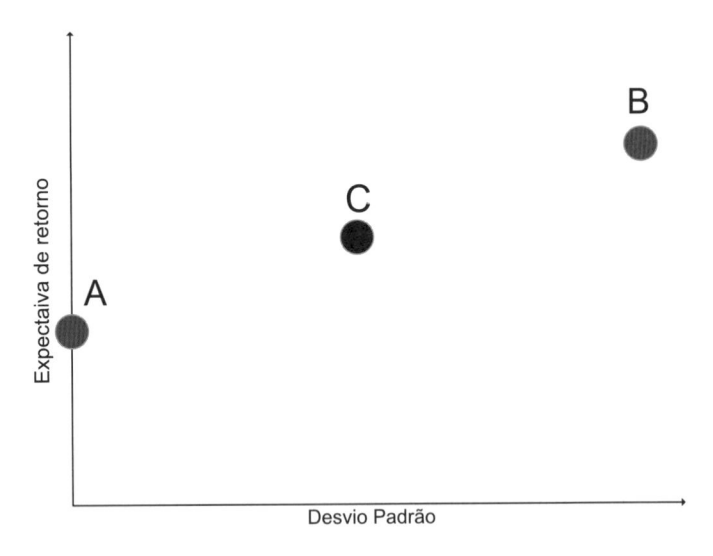

Figura 38

Neste caso, poderíamos dizer que o ponto A é um ativo de renda fixa tal qual o ativo Tesouro Selic, com menor nível de risco do mercado financeiro. E o ativo B seria o ETF BOVA11, que acompanha as oscilações do índice Bovespa.

Dessa forma, diante das duas opções, o investidor teria a seguinte dúvida: será que é melhor eu investir no Tesouro Selic (menor risco e menor retorno) ou no

BOVA11 (maior risco e maior expectativa de retorno)? Porém, as duas situações são muito extremas para esse investidor, de maneira que, caso opte por investir todo o capital no ativo B, pode ter grandes perdas, e se optar por investir todo o capital no ativo A, o ganho será, segundo seu critério, insatisfatório.

Porém, outra possibilidade seria a de que ele dividisse sua aplicação, alocando 50% no ativo A e 50% no ativo B. Dessa maneira, caso a Bolsa sofra um revés em um determinado período, parte do capital está protegido. Como produto dessa combinação, ele acaba de montar uma carteira que combina os dois ativos e, em conjunto, produzirá o ponto C da Figura 38, que não é nem o B nem o A, mas a combinação dos dois.

Assim, encontra-se uma solução que reduz o risco de estar totalmente exposto ao ativo B, mas que ao mesmo tempo permite alguma possibilidade de obter retornos superiores ao ativo A. O ponto C não é um ativo, mas a carteira.

Agora imagine a construção de diversos tipos de portfólios, combinando diversos tipos de ativos financeiros em diferentes proporções com diferentes correlações, e você terá um método de montagem de carteira de investimentos baseado nesses fatores.

A partir das diversas combinações de ativos possíveis, o objetivo passa a ser o de encontrar o melhor retorno para um determinado nível de risco ou o menor risco para um determinado nível de retorno esperado. E isso pode ser feito, por exemplo, por serviços de otimização de portfólio de consultores.

Às vezes, um investidor tem uma carteira com investimentos adquiridos aleatoriamente (saco de investimentos) que produz um determinado nível de volatilidade que, no geral, não o incomoda (perfil de risco correto). Porém, por esse modelo, é possível avaliar se, dentro do mesmo nível de risco (volatilidade), seria possível tornar a alocação mais eficiente com produtos de desempenho superior em busca de um retorno superior.

Em outro caso, um investidor que esteja satisfeito com a rentabilidade de sua carteira, mas que se sinta muito incomodado com as oscilações, pode fazer uma avaliação para verificar se é possível reduzir o risco por meio de uma alocação mais eficiente, mantendo o mesmo retorno esperado.

Estou dizendo que existem determinados níveis de retornos esperados que devem ser compatíveis com os níveis de risco assumidos. E aqui é que entra o conceito de fronteira eficiente de Markowitz.

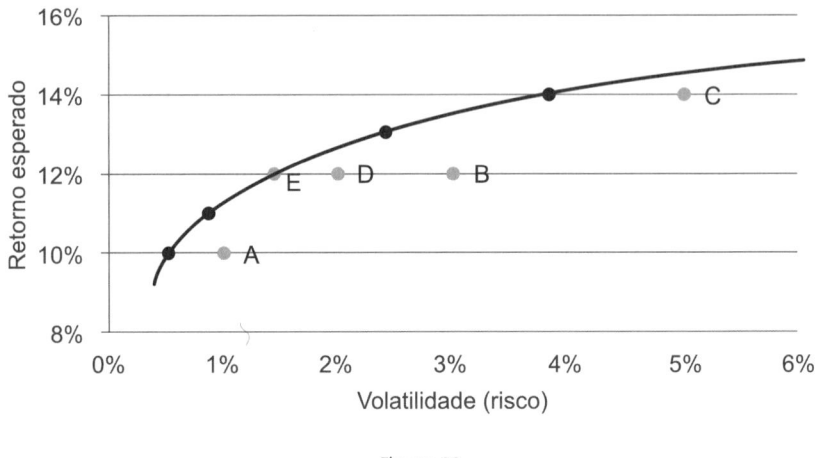

Figura 39

A Figura 39[10] ilustra, pela linha preta, o que seria a fronteira eficiente, ou seja, o nível de retorno esperado por carteiras de investimento de acordo com o nível de risco assumido. E o objetivo do investidor deve ser justamente o de aproximar a composição de seu portfólio o máximo possível dessa fronteira.

Note que as carteiras B, D e E apresentam o mesmo retorno esperado, porém a carteira B tem maior risco, e a carteira E é a que apresenta a melhor relação risco--retorno, justamente por estar posicionada na fronteira eficiente. Ou seja, mesmo retorno esperado para um menor nível de risco.

Note, ainda, que, de acordo com o uso da teoria moderna de portfólio, investidores podem dispor de um método objetivo, matemático e claro que pode ser utilizado em qualquer circunstância e até mesmo colocado em piloto automático.

O método parte do estudo histórico estatístico dos ativos (retornos, volatilidades e correlações), estabelece um perfil de risco desejado para o investidor e, por fim, monta uma carteira de investimentos financeiros, incluindo diferentes ativos em diferentes proporções e correlações que, combinados, oferecem a possibilidade de retornos compatíveis.

---

10.   Retirada do site da Vérios: <https://verios.com.br/blog/uma-receita-para-otimizar-seus-investimentos/>.

Uma vez estabelecida a carteira com as respectivas proporções dos ativos, o investidor vai adicionando mais recursos periodicamente, redistribuindo o capital e fazendo ajustes conforme os deslocamentos das proporções ao longo do tempo. E se ocorrer uma crise na Bolsa? Não tem problema. A crise na Bolsa gerará novas estatísticas, o modelo roda novamente e as proporções são reajustadas, e assim sucessivamente. Sabe-se sempre o que fazer de maneira clara e objetiva, sem nenhuma tentativa de adivinhação.

Uma vez que um investidor institua esse como seu método, basta segui-lo eternamente sem maiores preocupações, pois ele sempre saberá o que deve ser feito, independente do cenário econômico, das mudanças na política, das notícias do dia a dia, da evolução das taxas de juros, do câmbio ou das oscilações da Bolsa. Tudo se resume a observar as estatísticas e rodar o modelo.

CRÍTICAS PRÁTICAS À TEORIA MODERNA DE PORTFÓLIO

Se por um lado a TMP fornece um método objetivo de construção de carteiras, por outro, tenho críticas severas ao modelo, chegando a concluir que ele simplesmente não é aplicável para o investidor comum e nem traz o conforto desejado.

MEU CASO É DIFERENTE

Em minha experiência prática no atendimento a investidores, desde 2009, toda vez que era aplicado um formulário de perfil e apresentada uma carteira de investimentos baseada neste perfil, eu ouvia a seguinte frase: "Legal, gostei da carteira, mas meu caso é diferente."

Todo mundo é diferente, e há a sensação de que a aplicação de um formulário seguido da apresentação de uma carteira não oferece ao investidor uma justificativa compreensível para aquela alocação. Aquilo vira um documento bonito, elegante, cheio de gráficos e estatísticas que realmente sugerem que o profissional seja muito inteligente e tenha feito um trabalho absurdamente profundo. E provavelmente fez mesmo.

No entanto, o investidor olha para aquilo e tem mais dúvidas do que certezas, e tomar aquela decisão vira uma aposta. Ele não sabe o que são aqueles ativos e nem por que foram escolhidos daquela forma, e a carteira se torna totalmente impessoal. Interessante também observar que a expectativa de um investidor ao ser atendido por um profissional normalmente é a de contar sua história e falar de seus planos profissionais, pessoais e familiares para que isso tudo seja compreendido e, então, em função disso, algo seja oferecido. Um formulário com meia dúzia de perguntas não é o suficiente para que um investidor — ou pelo menos grande parte deles — se sinta plenamente satisfeito e reconheça sua vida naquela carteira.

É PIOR DO QUE A POUPANÇA

Existem aqueles investidores que têm afinidade com números e que tentam compreender mais profundamente aquilo que lhes foi apresentado. Se o atendimento é feito por um humano (consultor, planejador ou assessor), durante a apresentação, receberá instruções sobre a TMP e compreenderá o que foi feito e como foi feito. Se o atendimento é automatizado em plataformas self-service, talvez esses mesmos investidores com espírito mais investigativo leiam artigos na internet que expliquem melhor o modelo e, ao estudá-los, ganharão confiança e seguirão adiante.

Ocorre que, ao estudar e compreender esse método de alocação de portfólio cujo criador foi agraciado com um prêmio Nobel, existe uma expectativa natural de que tal carteira nunca apresente uma performance ruim. Ou pelo menos que não renda menos do que a poupança.

À noite, durante o jantar com o cônjuge, o investidor iniciado na TMP está maravilhado. Ele explica tudo sobre volatilidade, risco-retorno, fronteira eficiente, balanceamento, correlação. O outro, que não tem grandes interesses no tema, já entediado com todo aquele assunto e na tentativa de mudar os rumos do jantar, diz o seguinte: "Confio em você e em suas decisões. Então essa nossa carteira agora renderá mais do que a poupança, né?" E a resposta é: "Sim, claro."

Passam-se alguns meses, e os ativos de maior risco apresentam volatilidade mais elevada, e a carteira, projetada com base na teoria de um prêmio Nobel, apresenta temporariamente desempenho inferior ao da poupança. E no jantar, o cônjuge volta ao tema: "Meu amor, e como está a rentabilidade daquele investimento que tiramos da poupança alguns meses atrás?" E, então, o investidor responde que o mercado atualmente está com muitas oscilações devido ao cenário econômico, a China, os EUA, a política e todo esse blá-blá-blá. Na sequência, vem a réplica: "Entendi. Mas tá rendendo mais do que a poupança pelo menos, né?" E a resposta é: não. "Não seria melhor então tirar tudo e voltar para a poupança?"

A partir daí, pode ser que se inicie uma discussão que envolve confiança com frases do tipo "sei exatamente o que estou fazendo" ou "ué, mas o método baseado no prêmio Nobel rende menos do que a poupança?", e por aí vai. A pressão aumenta sobre o investidor, os resultados precisam começar a aparecer, mas a TMP se baseia na ideia de retornos de longo prazo, e momentos assim sempre existirão. Mas os retornos não aparecem rapidamente e não é simples explicar toda a teoria ao côn-juge, até porque o próprio investidor não se lembra de todos os detalhes.

No fim do mês, o casal economiza dinheiro do orçamento e está pronto para apor-tar mais recursos, porém, voltam os questionamentos: "Vamos botar na poupança mesmo, já que aquele negócio que você investiu não tá dando muito certo, né?"

O investidor começa a olhar os ativos individualmente em sua carteira para veri-ficar aquele que está rendendo mais e aquele que está rendendo menos, e começa a fazer perguntas para o profissional que o atende. A insegurança impera. Então ele toma algumas decisões, modifica alguns ativos, deixa de olhar a carteira como um todo e abandona a TMP, partindo para uma compra aleatória de investimen-tos. Ou então retorna seu dinheiro para a poupança.

A TMP tem expectativa de rendimento inferior ao da poupança? Óbvio que não. Porém, um investidor precisa estar profundamente conectado ao método para não ter dúvidas em momentos difíceis e continuar seguindo.

TIME SEM GOLEIRO

O uso da TMP requer a visão de carteira, e não de ativos. Porém, na prática, con-solidar essa visão é algo extremamente difícil para o investidor comum. Se um determinado investidor utiliza esse método, ele jamais deveria fazer avaliações individuais de desempenho dos ativos, mas apenas monitorar os dados estatís-ticos da carteira como um todo para a realização dos novos aportes e de even-tuais rebalanceamentos.

O que acontece na prática? Na prática, um investidor mais ansioso começa a olhar resultados em frequência elevada, podendo chegar a uma vez ao dia, mesmo tendo feito estudos de histórico de ativos anteriormente por, digamos, vinte anos. Além de fazer isso, de vez em quando o investidor pega ativo por ativo para verificar quanto cada um rendeu em um determinado período. E, assim, ele observa que determinados ativos estão com desempenho bom, e outros, com desempenho ruim, o que é perfeitamente normal, já que uma das premissas é a diversificação em ativos com diferentes correlações.

Com o passar do tempo, o investidor começa a avaliar que, se tivesse apenas os ativos bons na carteira, sua rentabilidade seria superior. Isso é um erro clássico, pois ele começa a fazer juízo de valor sobre os ativos, quando, na verdade, são as circunstâncias de momento que os levam a serem bons ou ruins. É importante esclarecer que "bons e ruins" também é uma compreensão deturpada, já que investidores os usam como sinônimos de retornos altos e retornos baixos, respectivamente, quando, na verdade, bons ativos também podem ter retornos baixos ou negativos em determinados períodos. Associar retorno com qualidade do ativo é quase automático na mente da maioria, quando, na verdade, nada mais é do que a conclusão baseada na rentabilidade passada do período observado.

Assim, sem perceber, o investidor é levado a retirar da carteira os ativos com rentabilidade passada inferior e deixar apenas os de rentabilidade superior, abandonando o método. A consequência natural disso é que, quando o mercado virar, justamente aqueles investimentos que apresentavam baixo rendimento serão os que se sobressairão, exercendo o papel planejado inicialmente, mas que fora abandonado durante a execução do método. E justamente nessa virada de mercado, os ativos que manteve também passam a ter rentabilidade baixa ou até mesmo negativa, e o investidor fica sem saber o que fazer. Sabe por quê? Porque ele abandonou o método em algum momento da trajetória. É preciso ter clareza de que os ativos que estiverem rendendo menos em um determinado período estão lá justamente para que, quando houver uma modificação nos mercados, eles possam fazer a "mágica" da carteira, reduzindo riscos.

Se compararmos uma carteira a um time de futebol, no qual onze jogadores desempenham suas funções individuais contribuindo para o resultado coletivo, seria como se o técnico, no intervalo do primeiro para o segundo tempo, resolvesse retirar o goleiro do time porque ele não fez nenhuma defesa nem deu nenhum chute a gol. Ou então que ele resolvesse sacar do time o lateral esquerdo e colocar dois laterais direito, já que seu lateral direito está fazendo uma bela partida e então ele deveria potencializar essa vantagem. Note que em ambas as situações não se poderia acreditar que tais alterações seriam bem-sucedidas e somente o desastre poderia ser esperado como resultado no segundo tempo.

O uso de um método de investimento de longo prazo requer a consciência de que vários diferentes cenários serão percorridos. E isso é dificílimo de absorver em termos comportamentais.

CARTEIRA IGUAL PARA INVESTIDORES DIFERENTES

Se para definir a alocação da carteira é necessário se basear inicialmente na avaliação de perfil de risco, então podemos dizer que dois investidores cujos perfis de risco se apresentem como semelhantes deverão ter a mesma carteira?

Eu acredito que diversas outras coisas devem ser consideradas para a montagem de uma carteira, não apenas o perfil de risco. Imagine que dois investidores tenham o mesmo perfil de risco após a aplicação de um formulário. Porém, um deles tem 25 anos, ainda mora com os pais e é um servidor público. O outro tem os mesmos 25 anos, mas já é casado, e sua mulher está grávida do segundo filho. Será que realmente faz sentido que tenham carteiras similares? Tenho absoluta certeza de que não.

MERCADO *VERSUS* INDIVÍDUO

Note que em toda minha rápida consideração sobre os aspectos gerais da TMP, me referi basicamente aos ativos e aos estudos estatísticos. É necessário dedicar também algum tempo às simulações de combinação dos ativos em diferentes proporções para chegar a uma determinada composição.

Quanto ao investidor, é preciso chegar a um perfil que será expresso de maneira matemática no nível de volatilidade esperado. Na minha percepção, a TMP é baseada essencialmente nos ativos e em seus comportamentos estatísticos, de maneira que, na prática, o desenvolvimento pressupõe uma dedicação de tempo muito maior a esses estudos do que ao estudo do indivíduo.

Se uma carteira de investimentos tem a finalidade de gerar acumulação de recursos de forma a satisfazer necessidades futuras de um indivíduo, por que se dedica tanto tempo aos ativos e tão pouco ao entendimento da realidade desse indivíduo? A TMP, na minha visão, não coloca o indivíduo no centro da decisão de investimento, mas quer transformá-lo em uma equação matemática que se resumirá a uma faixa de volatilidade aceitável. Na minha visão e experiência prática, esse é um dos fatores que mais impede que a TMP seja realmente aplicável em termos práticos por muito tempo em investidores pessoa física.

O PROFETA DO PASSADO

O mercado financeiro é extremamente competitivo, e as instituições estão sempre lutando para captar novos clientes que invistam seus recursos por meio de seus serviços.

Uma das maneiras comerciais de mostrar valor a um investidor é a oferta de uma "avaliação gratuita de carteira". A ideia por trás disso não é realmente avaliar carteira, mas, sim, construir argumentos para a oferta de um serviço. Mencionei as possibilidades de realização de estudos de otimização de portfólio para que uma carteira possa ser construída de maneira a se aproximar da fronteira eficiente. E aqui tem um ponto interessante: ao realizar uma avaliação de carteira, o profissional precisa coletar as informações da carteira atual de um investidor junto às instituições da qual ele é cliente. Assim obtém-se a informação completa do tamanho do patrimônio que está sendo prospectado. Esta é a primeira finalidade comercial.

De posse dos investimentos que o investidor tem, inicia-se o uso de um sistema de simulação de carteiras, no qual serão feitos estudos estatísticos que apontarão uma solução otimizada com uma carteira com uma relação risco-retorno superior e, portanto, mais próxima da fronteira eficiente, tal como esperado.

Porém, o que pode estar sendo feito, na prática, é a seleção dos investimentos que mais renderam em um período passado e a respectiva comparação com os que o investidor tem atualmente, com uma roupagem de técnica de portfólio. Provavelmente, essa mesma alocação que está sendo sugerida agora não era a mesma sugerida três anos antes, de maneira que esse comparativo não demonstra resultados reais, mas apenas uma avaliação ex-post-facto, ou seja, uma percepção ilusória de um serviço superior, dando a entender que, se o investidor tivesse utilizado esse serviço que está sendo proposto agora, ele teria tido um retorno X% superior em doze meses, o que geraria um montante financeiro maior e, ao longo de um prazo ainda maior, representaria um patrimônio adicional de milhões de reais ao longo de um tempo. Se na prática fosse possível ver o que rendeu mais num período passado e escolher esses investimentos retroativamente, com todo respeito ao mestre Warren Buffett, seria possível ser melhor do que ele.

Este item de minhas críticas não pode ser atribuído a um problema da TMP, mas a um mau uso do método com finalidade meramente comercial e merece atenção do investidor.

A JANELA ESTÁ SEMPRE ERRADA

Os estudos da TMP se baseiam na observação estatística de períodos passados. Desta forma, tanto a volatilidade dos ativos quanto a rentabilidade será analisada por um período de X anos. Mas quanto é X? Um ano? Três anos? Cinco anos? Dez anos? Vinte anos?

O grande problema aí é estabelecer uma janela de análise. Um determinado produto, se avaliado em três anos, pode ter um desempenho péssimo, mas, se analisado em cinco anos, pode ser excelente, e péssimo novamente se analisado em dez. As volatilidades apresentadas também podem ser bem diferentes em cada um desses períodos. Há também o problema de coexistência dos ativos na janela de tempo, quando determinados fundos de investimento não podem ser comparados em um mesmo período se um ou mais deles não existirem.

Aparentemente, a TMP fornece uma primeira impressão de que, uma vez adotado o método, todo o resto é automático e objetivo, mas não é bem assim, e a definição da janela é uma das subjetividades. Isso significa que dois investidores podem, na data atual, iniciar investimentos com carteiras idênticas, mesmo tendo perfis de risco diferentes. Isso pode ocorrer simplesmente pelo fato de um deles ter optado por usar janela de cinco anos, que resultou em um determinado ponto da fronteira eficiente, enquanto o outro optou por uma janela de vinte anos, que resultou e outro ponto da fronteira eficiente. Veja que, nessa situação esdrúxula, dois investidores com uma mesma carteira teriam avaliação de risco diferente. Motivo: a subjetividade da janela de análise.

NÃO É SOBRE O FUTURO

Tudo o que foi falado e o que pode ser estudado na TMP sempre estará relacionado ao passado. O passado, como sabemos, é história. Está relacionado com o que já aconteceu, e jamais com o que acontecerá.

É importante lembrar que um investidor, ao investir, está olhando para o futuro e para os sonhos que deseja conquistar, de forma que, caso utilize a TMP com observações estatísticas de vinte anos passados, mas pensando em objetivos de vinte anos a frente, serão até quarenta anos de defasagem entre uma coisa e outra. Naturalmente, o investidor pode e deve refazer as estatísticas de tempo em tempo, atualizando-as, mas, ainda assim, tudo que se refere a esses estudos será sobre fatos já conhecidos de situações econômicas já vividas, de padrões comportamentais e de consumo já ultrapassados.

CAIXA-PRETA

Quando analisamos a volatilidade dos ativos e tomamos essa medida como medida de risco, estamos considerando que não importa muito o que é intrinsecamente o ativo, mas que ele sobe e desce sabe-se lá por quê. Ele é uma espécie de caixa-preta que oscila, e não importa muito sua essência. O que importa é a captura dos movimentos dessa caixa-preta ao longo do tempo no mercado financeiro.

Porém, há situações que fazem com que a visão de volatilidade possa não fazer sentido como medida de risco. Imagine a seguinte situação: você adquire ações de uma empresa ao preço de R$50,00, pois você considera que aquela empresa tem determinadas expectativas de lucros e que aquele preço faz sentido para você.

Porém, uma semana depois, por algum fato aleatório, o mercado de ações cai aceleradamente, e agora essa mesma empresa está sendo negociada a R$40,00, ou seja, 20% abaixo do preço. Então você verifica a situação da empresa e vê que não há nenhum impacto em sua atividade e que as perspectivas permanecem as mesmas no que se refere aos seus lucros futuros. Observe que essa queda gerou um aumento da volatilidade do preço das ações dessa empresa, mas seria correto dizer que o risco de investir nela aumentou? Se você considerava um bom negócio comprá-la a R$50,00, com a queda do valor para R$40,00 (*ceteris paribus*), o risco aumentou ou diminuiu? Na minha visão, o risco diminuiu, porque estou comprando algo que vale mais do que R$50,00 por menos do que antes, de maneira que a volatilidade não seria uma representação útil em termos de risco.

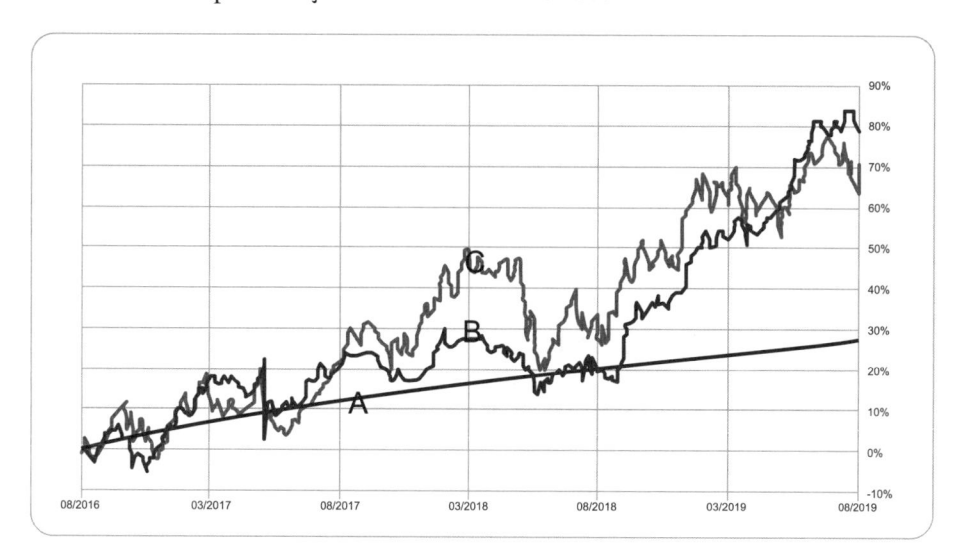

Figura 40

Observando a Figura 40 e o desempenho dos ativos A, B e C por um prazo de três anos, podemos visualmente avaliar que o ativo A se assemelha ao comportamento de um título de renda fixa, como o título Tesouro Selic. Já quanto aos ativos B e C, verificamos que ambos demonstram muita volatilidade. Acontece que o ativo C é o BOVA11, ETF que segue o índice Bovespa, enquanto o ativo B representa as oscilações de preço de mercado do ativo de renda fixa Tesouro IPCA+ 2035. Se julgarmos apenas pela volatilidade, poderíamos dizer que tanto o ativo B quanto o C têm volatilidade aproximadamente parecidas, mas, na prática, um se refere a um título de renda fixa, que tem uma garantia de rentabilidade em seu vencimento, e o outro não fornece garantia nenhuma, por se tratar de um investimento de renda variável. Dessa maneira, a volatilidade por si só também não é suficiente para uma conclusão de risco sem entender a essência de cada um desses ativos.

Impossível não nos lembrarmos da história do peru de natal que foi comprado por uma família em janeiro. Durante todo o ano, ele foi bem alimentado, cresceu, ficou bonito, saudável e começou a se sentir feliz e bem tratado. Comida todo dia e sossego garantido. No dia 20 de dezembro, o peru foi fazer uma avaliação sobre o lugar onde vivia e só pensou coisas boas. Por fim, concluiu que ele vivia em um ambiente de baixo risco e grande retorno. Porém, chegou o dia 24 de dezembro, véspera do Natal, e o peru teve a panela como fim. O grande erro do peru foi considerar que, por ter baixa volatilidade durante todo o ano, seu risco era baixo, mas na verdade, o risco era cada vez maior a cada dia que se passava.

Enxergar apenas as estatísticas dos investimentos sem compreender sua essência é como considerar o investimento com uma caixa-preta que se mexe, sem nunca entender o que tem dentro dela e o que a leva a se mexer, e isso pode levar a avaliações equivocadas sobre risco potencial e expectativas de retorno.

MELHOR PARA QUEM?

A TMP foi realmente bem difundida no mercado financeiro e em serviços de gestão e consultoria, com contribuição tanto no processo de tomada de decisão quanto no de aconselhamento e vendas.

Ocorre que uma coisa é fazer gestão de um fundo de investimento no qual o trabalho é lidar com aquele recurso disponível e tentar gerar valor para o cotista dentro de um mandato. Outra coisa é a decisão de pessoas. Pessoas têm sonhos, casam-se, separam-se, querem conhecer lugares diferentes, têm filhos, compram casa, mudam de cidade, de emprego e têm uma série de demandas que um fundo, por si mesmo, não tem. Tudo isso deveria ter influência em uma sugestão de carteira.

No atendimento a investidores pessoa física, a adoção da TMP é também uma solução economicamente interessante para as instituições financeiras. Ao utilizá-la, é possível estabelecer padrões de carteiras que podem ser replicadas de maneira escalável, além de poupar tempo no atendimento. Esse é um desafio, pois, em cada atendimento comercial com um investidor, sempre será considerado o custo de atendimento *versus* o ganho, como em qualquer negócio.

Isso significa que simplificar e padronizar o atendimento otimiza o processo e torna desnecessário um conhecimento mais aprofundado sobre cada indivíduo e todos os aspectos de sua vida, o que geraria horas de atendimento presencial, nem sempre viáveis.

Se uma empresa dispõe de um serviço que se propõe a submeter um investidor a um questionário de perfil para identificação do nível de risco e posterior oferta de um dos padrões de carteira sugerida, isso se torna bem escalável comercialmente.

O investidor pode ter uma sensação de personalização por realizar uma reunião presencial, mas, na prática, ocorre o mesmo: após a coleta de dados, o trabalho interno será o de enquadrar aquele investidor em algum modelo de carteira já predefinido. No fim das contas, saber de planos, sonhos e família se torna secundário. Embora façam parte da conversa, o que interessa, para o profissional do mercado, é extrair informações que levem à identificação do perfil de risco para que o trabalho seja otimizado.

Tanto é assim, que em algum lugar daquele relatório bem feito da apresentação da carteira que o investidor receberá haverá o nome dele, alguns dados pessoais e um perfil de risco descrito.

CONCLUSÕES SOBRE
A TEORIA MODERNA DE PORTFÓLIO

A teoria moderna de portfólio é uma contribuição significativa e histórica para a tomada de decisão de investimentos, e direciono minhas críticas não necessariamente ao método, mas a sua praticidade de aplicação para o investidor comum. Existem investidores que, devido a sua formação ou facilidade com matemática e estatística, conseguem absorver os conceitos com mais facilidade. No geral, o uso consistente do método requer maturidade (dentro do entendimento do método), além de um elevado nível de consciência.

Os momentos difíceis aparecerão durante a jornada, assim como os vieses, e a sensação de "não fazer nada" durante momentos turbulentos da economia ou apresentados no noticiário testarão permanentemente o comportamento do investidor. O compartilhamento familiar do tema também pode ser um desafio, uma vez que, dependendo da forma como um casal lida com as finanças, será preciso que ambos estejam plenamente preparados no decorrer do processo, pois se apenas um detiver o conhecimento, se sentirá sob pressão quando tiver que explicar desempenhos temporários ruins.

Outro ponto importante é que minha exposição sobre a TMP neste livro foi resumida, e existem diversos outros aspectos em sua formulação. As críticas são todas relacionadas à forma como ela é utilizada na prática quando envolve investidores comuns e não relacionados aos estudos dos especialistas no tema.

É possível tirar muitos insights da TMP que podem contribuir para o processo de formação de um investidor, e se esse for o caso, há leituras específicas que valem a pena ser buscadas. Um dos livros que recomendo é o *Moderna teoria de carteiras e análise de investimentos*, dos autores Edwin J. Elton, Martin J. Gruber, Stephen J. Brown e William N. Goetzmann, e um e-book chamado *Alocação de ativos*, de Henrique Carvalho, criador do site HC Investimentos, que foi um dos primeiros sites sobre investimentos do Brasil.

Existem também empresas que utilizam o método e fornecem serviços práticos com automatização dos portfólios, tais como a Vérios,[11] a Magnetis[12] e a Warren,[13] sendo que as empresas pioneiras e que serviram de referência são as norte-americanas Wealhtfront[14] e a Betterment.[15]

---

11. https://verios.com.br/
12. https://magnetis.com.br/
13. https://warrenbrasil.com.br/
14. https://www.wealthfront.com/
15. https://www.betterment.com/

Capítulo V

O MÉTODO OIP DE INVESTIR

A grande dor do investidor é justamente saber onde investir. As plataformas de investimentos disponibilizam centenas de fundos de investimento, de ativos de renda fixa, de planos previdenciários e de opções de negociação de ações, fundos imobiliários e ETFs por meio do home broker, e nesse mar de ofertas inicia-se a busca pelo "investimento perfeito".

A ilusão está justamente em tentar saber, no meio de tudo isso, qual decisão proporcionará a melhor rentabilidade para seu capital, erro grave que já abordei anteriormente.

Mas a reflexão sobre encontrar o investimento perfeito pode ser muito útil no amadurecimento do investidor. O que seria exatamente o investimento perfeito? Se eu por acaso o encontrasse, saberia que o encontrei?

Alguns podem acreditar que o investimento perfeito seria aquele que oferecesse a melhor rentabilidade ao investidor. Eu discordo dessa noção de que a melhor rentabilidade é o objetivo de um investimento, e você entenderá o porquê em breve. Partindo da premissa de que o investimento perfeito seja realmente aquele que oferece o melhor retorno possível, usarei o exemplo do caso de Peter Lynch e de seu fundo Fidelity Magellan.

O fundo Fidelity Magellan obteve rentabilidade anual de 29,2% ao ano durante a gestão de Peter Lynch (de 1977 a 1990), o que é uma das rentabilidades mais celebradas da história. Imagine se você tivesse tido a oportunidade de encontrar esse investimento na época. Teria sido o investimento perfeito do período? Talvez sim! Mas tem algo que você precisa saber: muitos investidores encontraram e tiveram a oportunidade de investir nesse produto. Investiram e, incrivelmente, perderam dinheiro, em vez de ganhar. Isso foi apontado em um excelente artigo[1] que discute o curioso caso levando em conta uma pesquisa feita pela própria Fidelity.

A explicação para isso sem dúvida está no comportamento do investidor. Era um investimento que não se valorizava "em linha reta" — não tinha uma trajetória sempre positiva; pelo contrário, trazia consigo oscilações ao longo do período, e seu produto só poderia ser julgado como "bom" por um investidor depois de apresentar períodos de boa rentabilidade ou como "ruim" depois de períodos de desvalorização. Com essa forma de julgar, um investidor foi sempre levado a investir quando o fundo já estava valorizado e a resgatar quando ele já está desvalorizado, sempre obtendo prejuízo, ao passo que outro investidor, que apenas investiu e deixou o dinheiro investido por todo o período, obteve excelente rentabilidade.

Mas várias outras coisas poderiam levar os investidores a ter que resgatar o investimento no meio do caminho, como emergências financeiras pessoais ou decisão de gastos de consumo que tenham resolvido realizar. Desta forma, se tomarmos por base que um investimento perfeito é aquele que rende muito, é possível que, mesmo que o encontremos, possamos não conseguir usufruir do retorno potencial que ele proporciona, de modo que a ideia de investimento perfeito não pode ser associada somente à avaliação de rentabilidade em um dado período.

Outra dificuldade de atribuir à rentabilidade a característica de "perfeição" do investimento é que um determinado investimento que oscila será visto como excelente e ruim de acordo com a janela de observação.

Mas por que utilizar a ideia de investimento perfeito se ele não existe? Porque acho que ele existe, sim, mas é preciso melhorar a reflexão sobre a ideia de investimento, e esta é a chave para saber investir corretamente. Por que desejamos investir? Por que não gastamos tudo logo em prazeres imediatos? Alguns dizem que

---

1.   https://www.innovativewealth.com/wall-street-wisdom/individual-investors-bad-investing/

é porque querem ter algum tipo de conforto financeiro, outros falam que é para garantir o futuro; alguns dizem que é para comprar uma casa, outros querem garantir os estudos dos filhos recém-nascidos, e alguns simplesmente para serem ricos. Agora, enquanto você lê este livro, pense nisso: por que você quer investir? Existe uma infinidade de motivos, tais como comprar uma moto, fazer a viagem dos sonhos, poder trocar de trabalho em breve, fazer outra faculdade, empreender, e por aí vai. E é aí que está a chave de todo o processo de investimento. O objetivo de fazer um investimento não é simplesmente fazer o dinheiro render com a maior rentabilidade possível. O objetivo de investir é realizar projetos de vida!

A conclusão e o princípio básico do método de montagem de carteira de investimentos que você aprenderá é o seguinte:

> ## "O investimento perfeito é aquele que leva o investidor a alcançar seus objetivos na vida!"

A partir do princípio básico estabelecido para a maneira de escolher investimentos e montar a carteira, propõe-se uma reviravolta em tudo que é normalmente utilizado como teoria de investimento. Repare que, ao longo de todo o livro e em tudo que costuma ser encontrado na mídia (especializada ou não), nas conversas entre profissionais do mercado, em conteúdos disponíveis na internet pelas redes sociais ou em sites de educação financeira, o que está no centro da discussão sempre são os produtos de investimento, como cada um deles funciona, o cenário macroeconômico, as perspectivas para o dólar, para o juros, para a Bolsa, para o petróleo. São todas questões externas ao investidor, sobre as quais ele não tem qualquer domínio e nas quais é um mero passageiro que precisa tentar se adaptar e se equilibrar em meio às surpresas que aparecem diariamente.

Repare, também, que a discussão é essencialmente centrada nas rentabilidades, tanto que, no período de 2016 ao fim de 2019, tivemos um crescimento expressivo do número de investidores pessoa física na Bolsa brasileira (como mostrei anteriormente), atraídos pela rentabilidade elevada do momento e que foi bruscamente interrompida por aquilo que pode ter sido um dos maiores revezes do mercado: a explosão da pandemia do novo coronavírus.

Repare que quase nunca as discussões são centradas no indivíduo, e o que proponho como método de investimento é justamente isto: colocar o indivíduo no centro do processo e toda a alocação partindo dele, não do mercado. Chamei este método de Método OIP.[2]

O método OIP é o único que permite verdadeiramente a adoção de uma maneira de investir personalizada, porque tem as individualidades de cada investidor em seu núcleo fundamental.

RENTABILIDADE NÃO É UM OBJETIVO

Outro paradigma que o método OIP quebra é essa história de que a rentabilidade é a coisa mais importante de um investimento. Se as pessoas investem porque têm objetivos, tais objetivos têm um custo, que é alcançado à medida que um determinado capital precisa ser construído para realizá-lo. Ou seja, se quero comprar um apartamento que custa R$2 milhões, então minha meta não é ter X% de retorno, mas a de acumular R$2 milhões para alcançá-la.

Podemos, portanto, concluir que:

> *"O mais importante é o patrimônio*
> *acumulado, não a rentabilidade."*

E se o objetivo é o patrimônio acumulado, precisamos considerar que ele não é formado apenas pela rentabilidade. Ela é parte da equação, mas não é a única. Para que um determinado patrimônio seja acumulado, é necessário o seguinte:

Pat. Acum. = Aportes + Tempo + Rentabilidade

Os aportes são frutos da capacidade do investidor de guardar dinheiro e são provenientes de três fontes básicas: (a) da organização financeira, que permite periodicamente poupar uma parte do salário mensal e destinar aos investimentos; (b) de recebimentos esporádicos, como participação em lucros ou de bônus trimestrais,

---

2.   OIP é a sigla para O Investimento Perfeito.

semestrais ou anuais, décimo terceiro; e (c) de eventuais vendas de empresas ou participações em empresas.

A tendência é a de que a fonte (a) seja a mais frequente e que a fonte (b) tenha a mesma frequência dos tais bônus, normalmente sendo maiores, em numerário, do que a fonte (a). A fonte (c) pode nunca acontecer ou pode acontecer apenas uma ou algumas vezes na vida, sendo provavelmente a de maior porte financeiro, dependendo do tipo de atividade profissional exercida.

É importante observar também que, dos três fatores que afetam a acumulação patrimonial, os aportes são aqueles que mais estão sob o domínio do investidor, uma vez que a rentabilidade depende de fatores econômicos e o tempo pode ser interrompido, como no caso de um evento inesperado (morte repentina), ou mesmo porque não é possível estabelecê-lo, já que há uma limitação natural relacionada à duração da vida.

A variável *tempo* exerce papel determinante tanto na quantidade de aportes que podem ser feitos até um objetivo ser alcançado quanto no efeito exponencial na incidência dos juros compostos. Se existem dois investimentos disponíveis com taxas diferentes, mas não tão discrepantes entre si, e o prazo de aplicação é de apenas um mês, não existirá diferença de resultado significativo, de maneira que escolher aquele que seja mais prático, mesmo que renda menos, pode fazer sentido.

Já a variável *rentabilidade* é a menos controlável, porque as taxas de juros que corrigem os investimentos de renda fixa são determinadas pelo Banco Central, de acordo com o estabelecimento da meta da taxa Selic, e seguem as necessidades macroeconômicas. E as taxas de retorno da renda variável, especificamente do investimento em ações, não são previsíveis, podendo ser muito positivas ou muito negativas em vários períodos.

Há outros aspectos em que a rentabilidade não interessa. Imagine que você tenha crescido em uma família em que seus pais eram autônomos, e as finanças oscilavam aos sabores dos serviços realizados por eles, sendo que em alguns meses o dinheiro era melhor, e em outros, pior, ficando muitas vezes no vermelho e tendo que se equilibrar entre os boletos, atrasando alguns, esperando um novo serviço fechar, e assim sucessivamente. Talvez, com uma infância assim, possa ser que você tenha aprendido a dar muito valor à segurança financeira e, por isso, coloque-a como primeiro objetivo.

Investimentos seguros são aqueles que rendem pouco (próximo da taxa Selic) e estão disponíveis para resgates em momentos de urgências. Nesse caso, a rentabilidade não é o mais importante, mas a segurança.

Outra situação: imagine que você deseja facilitar a transmissão de seu patrimônio em caso de um falecimento repentino, destinando parte do dinheiro aplicado para seus beneficiários e evitando o inventário. Para isso, você pode usar um plano de previdência. Note que a rentabilidade também não é o mais importante neste caso, mas a facilidade sucessória.

Por fim, é correto lembrar que a rentabilidade só incide sobre um dinheiro previamente existente. Portanto, quanto mais dinheiro for poupado ao longo da vida, maior efeito a rentabilidade terá.

Se um investidor tiver uma rentabilidade inferior à de outro investidor ao longo de toda a vida, mas fizer aportes frequentes e mais relevantes, ele poderá formar maior patrimônio e atingir seu objetivo.

TABELA 14		
Parâmetros	Investidor 1	Investidor 2
Rentabilidade anual	10%	6,7%
Capital inicial	R$100.000,00	R$0,00
Aportes mensais	R$0,00	R$2.000,00
Prazo de acumulação	20 anos	20 anos
Patrimônio acumulado	R$732.807,36	R$1.010.327,24

Observe na Tabela 14 que o investidor 2, mesmo com uma rentabilidade anual bem inferior à obtida pelo investidor 1 no período de 20 anos, foi capaz de acumular um patrimônio superior, partindo do zero. A diferença se deu exatamente na capacidade de cada um deles de continuar aportando dinheiro ao longo do tempo.

O investidor 1 recebeu R$100 mil de herança e passou 20 anos se esforçando para obter o melhor rendimento sobre o dinheiro herdado. Já o investidor 2, que nada herdou e partiu do zero, se dedicou ao próprio trabalho e à melhoria de sua carreira, o que lhe deu a oportunidade de obter uma renda que o permitiu poupar regularmente por todo o período.

Se o objetivo for obter o melhor retorno, diríamos que o investidor 1 venceu. Mas como o objetivo é acumular patrimônio, o investidor 2 se saiu melhor, mesmo obtendo menor rentabilidade.

Investidores muito iniciantes, bem jovens, ao ter contato com o mercado de ações, ficam maravilhados e constantemente se esforçam para ter a melhor rentabilidade do mundo. Dedicam-se com louvor, leem todos os relatórios e sabem de todas as empresas. Mas às vezes eles têm um volume financeiro pequeno, algo como R$1 mil. Desta forma, mesmo que obtivessem um êxito inacreditável de 100% em um único ano, passariam a ter R$2 mil. Convenhamos que eles continuam na mesma condição financeira, porque R$1 mil ou R$2 mil não muda a condição social de ninguém. Para ter rentabilidade relevante, é preciso ter dinheiro, e quanto mais for possível acumular, melhor.

A melhor história que tenho para contar sobre isso diz respeito a um almoço de família. A família era grande, e um dos irmãos tinha construído um patrimônio do zero. Veio da zona rural, a princípio negociando terras, depois imóveis e uma série de pequenos empreendimentos. Depois, foi vendendo tudo e, no fim da vida, dispunha de R$40 milhões, sendo que ele mantinha todo esse dinheiro, segundo ele, na "caderneta de poupança". O último negócio que ele havia feito foi fechado em R$10 milhões. Eu já tinha tido uma reunião com ele, e ele havia contado com orgulho todos os detalhes de sua trajetória — e era realmente uma história inspiradora —, e percebi que ele queria saber um pouco sobre mercado financeiro, mas, no fim, ele não queria perder muito tempo com isso. O que ele queria mesmo era apreciar a aposentadoria sossegado com a esposa, já que os filhos já estavam encaminhados.

Um dos sobrinhos dele era um entusiasmado pelo mercado financeiro e tinha conta em bancos digitais, plataformas de investimento e domínio completo sobre todos os produtos que mencionei na Parte I do livro, e muito mais. Entendia de derivativos, commodities e operações estruturadas. Durante o almoço, ele começou a falar desse assunto com mais empolgação, quando foi interrompido pelo tio milionário, que disse: *Você tem que aprender é a ganhar dinheiro.*

O sobrinho se sentiu ofendido e chamou o tio de burro, usando a justificativa de que ele fez dinheiro, mas que aplicava tudo na poupança. Quando ele disse isso, permaneci mudo, mas extremamente curioso para saber o que sairia dali, pois um menino recém-formado estava chamando uma pessoa de idade que havia construído um patrimônio invejável do zero, um verdadeiro *self-made man*, de burro, atribuindo a si mesmo inteligência por saber os meandros do mercado financeiro.

Foi então que o tio disse: *Tenho R$40 milhões na poupança, e você não tem nem R$10 mil nessas porcarias de investimentos financeiros. Quem sabe ganhar dinheiro não precisa entender nada disso. Isso aí é para quem não sabe fazer dinheiro de verdade. E agindo assim você não vai gerar 1% dos empregos que eu gerei durante toda a minha vida.* E então saiu da mesa. O clima fechou, mas as pessoas já puxaram outros assuntos, e a coisa se dissipou.

Existem alguns objetivos esquisitos que as pessoas colocam para si mesmas, como ficar rico. Ninguém deseja "ficar rico", até porque sempre há ricos mais ricos. Mas o que se deseja é realizar determinadas coisas que não são possíveis em um determinado nível de vida, e entende-se que ser rico é uma maneira para alcançá-las. Refletir mais profundamente sobre suas metas e tentar torná-las mais concretas é muito mais efetivo e permite uma alocação de recursos muito melhor.

Qual planejamento de investimentos foi mais bem-sucedido?

a) Aquele que rendeu 7% ao ano durante 20 anos?

b) Aquele que rendeu 10% ao ano durante 20 anos?

c) Aquele que rendeu 15% ao ano durante 20 anos?

d) Aquele que levou o investidor a realizar todos seus objetivos?

O DIAGRAMA DA MONTAGEM DA CARTEIRA

Para implantar o método OIP, é preciso fazer aquilo que defendo como a essência de um modelo de tomada de decisão: colocar o indivíduo no centro de todo o processo.

O ponto de partida para alcançar uma alocação eficiente, equilibrada, alinhada com os objetivos de cada investidor não é a avaliação de cenários econômicos, tampouco o potencial de retorno dos investimentos. Isso pode ser completamente descartado. Se o intuito é construir uma carteira realmente personalizada para cada indivíduo, o processo segue uma sequência lógica baseada em fatores individuais.

Para estruturar uma alocação personalizada, basta seguir o diagrama de montagem da carteira pelo método OIP descrito a seguir, começando da base para o topo (como na construção de uma casa), conforme a Figura 41.

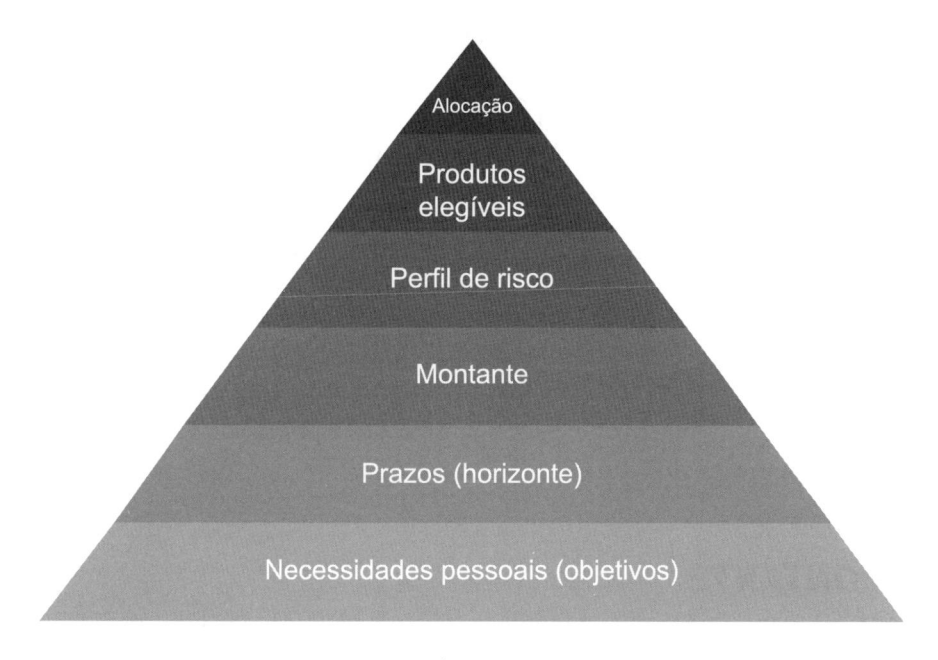

Figura 41

1. NECESSIDADES PESSOAIS (OBJETIVOS)

A primeira coisa que um investidor precisa saber ao começar a planejar seus investimentos são seus objetivos. É interessante que essa etapa requeira que o investidor olhe para dentro de si, para todos aqueles projetos que foram engavetados, porque simplesmente deixaram de fazer sentido ou que se tornaram, à primeira vista, impossíveis de serem realizados, além daqueles que seguem no radar.

O convite aqui é justamente esse: retirar todos os projetos da gaveta e colocá-los sobre a mesa. Esses projetos podem ser de vários tipos e devem se relacionar à vida real. Não são projetos abstratos. São reais.

Alguns exemplos: obter segurança financeira, trocar de emprego, mudar de carreira, fazer uma faculdade (ou segunda faculdade), fazer um curso de língua no exterior, fazer um curso de especialização no exterior, passar em um concurso público, adquirir um imóvel, passar um ano viajando, realizar o casamento, realizar a lua de mel, pagar o estudo dos filhos, pagar o intercâmbio dos filhos, passar um ano acompanhando o calendário da Fórmula 1 (ou do mundial de surf ou qualquer outro esporte de interesse), dar a volta ao mundo, conhecer o Havaí, comprar um imóvel para os pais, ter sempre um carro confortável, ter um filho (ou dois, ou três ou o número que desejar), viver no exterior, empreender, ter uma aposentadoria confortável, adquirir a independência financeira e qualquer outro projeto que você possa ter e queira realizar.

Após relacionar os projetos, o investidor deverá quantificar os custos aproximados de cada um deles e, talvez, eleger aqueles que sejam prioritários.

2. PRAZOS (HORIZONTE)

Depois de definir os objetivos e tê-los quantificados e priorizados, será necessário estabelecer os prazos almejados para sua realização.

3. MONTANTE

A próxima etapa é saber qual o montante que o investidor tem agora para planejar sua carteira. Pode ser que o indivíduo se encontre na etapa inicial, esteja apenas começando a juntar dinheiro e ainda não tenha nada (ou um valor muito baixo), ou pode ser que já tenha um capital significativo e que queira implantar o método OIP em sua carteira.

O montante é extremamente importante, porque, dependendo dele, as opções de investimentos podem ser diferentes.

4. PERFIL DE RISCO

No quarto degrau da pirâmide, está o perfil do investidor. Esta etapa será necessária para realizar a seleção posterior dos investimentos. O perfil será usado no método OIP, no entanto, não é o principal parâmetro para a escolha dos investimentos. Ele pode até mesmo ser descartado caso o investidor já tenha familiaridade com investimentos e experiência com ações, fundos imobiliários, fundos de ações e já conheça os produtos com os quais não se sente confortável.

Mas não sendo esse o caso, é adequado realizar o teste de perfil no formulário da instituição financeira em que tem conta, sem o usar para obter uma sugestão de investimentos. Será útil para obter um "norte" para o autoconhecimento e atenção para alguns produtos de risco que talvez, dependendo do resultado do teste, seria prudente manter longe de sua carteira. O ajuste fino virá apenas com a prática.

5. PRODUTOS ELEGÍVEIS

Esta etapa é o início da seleção dos investimentos. Os produtos elegíveis serão aqueles que se encaixarão nos objetivos relacionados e nos respectivos prazos. Serão frutos de um filtro que exclui aqueles produtos que definitivamente não se encaixam nas necessidades do investidor, e mais adiante explicarei como saber exatamente quais se encaixam e quais não se encaixam.

6. ALOCAÇÃO

Por fim, será possível decidir quais produtos comporão a carteira e como será dividida, assim como será possível compreender como destinar os aportes futuros.

Como apresentado no diagrama, o método OIP é totalmente focado no investidor.

OBJETIVOS PESSOAIS E HORIZONTE

Os objetivos pessoais estão na base da pirâmide do diagrama do método OIP, como já foi demonstrado. Uma vez que eles foram organizados e listados, os prazos precisam ser colocados. O resultado será uma lista que mostre todos os objetivos, com os respectivos custos e prazos de intenção de realização.

Uma tabela hipotética que represente essa organização deve ser elaborada conforme a Tabela 15.

TABELA 15		
Objetivo	Montante necessário	Prazo de realização
Segurança financeira	6 × a renda mensal	1 ano
Faculdade do filho	R$xxx.xxx	15 anos
Troca de carro	R$xxx.xxx	1 ano
Curso MBA no exterior	R$xxx.xxx	4 anos
Compra de imóvel	R$xxx.xxx	8 anos
Aposentadoria	R$xxx.xxx	25 anos
Casamento	R$xxx.xxx	5 anos
Mudança de carreira	R$xxx.xxx	2 anos

A divisão dos objetivos em prazos será essencial para a escolha dos investimentos. Em geral, os prazos pelo método OIP se dividem em: (a) curto prazo, (b) médio prazo e (c) longo prazo.

Curto prazo (CP): os objetivos de curto prazo são aqueles que são planejados para que sejam realizados em prazos inferiores a dois anos. São aqueles mais próximos.

Médio prazo (MP): os objetivos de médio prazo são aqueles que são planejados para que sejam realizados em prazos entre dois e cinco anos.

Longo prazo (LP): os objetivos de longo prazo são aqueles que são planejados para que sejam realizados em prazos superiores a cinco anos.

HORIZONTE DOS OBJETIVOS

CURTO PRAZO
0 A 2 ANOS

MÉDIO PRAZO
2 A 5 ANOS

LONGO PRAZO
> 5 ANOS

Figura 42

Outra maneira de classificar os objetivos é separá-los da seguinte forma:

Objetivos de segurança financeira: são aqueles objetivos relacionados à segurança financeira e estabilidade.

Objetivos de consumo e estilo de vida: são aqueles objetivos relacionados à realização de projetos de consumo. Neste caso, o objetivo é um gasto.

Objetivos de formação de patrimônio: são aqueles objetivos relacionados ao enriquecimento, à aposentadoria e à independência financeira, quando não se almeja um gasto, mas um novo patamar na situação financeira futura.

Ordenando a tabela anterior pelos prazos, tem-se a Tabela 16.

TABELA 16			
Objetivo	**Montante necessário**	**Prazo (anos)**	**Horizonte**
Segurança financeira	6 × a renda	1	Curto prazo
Troca de carro	R$xxx.xxx	1	Curto prazo
Mudança de carreira	R$xxx.xxx	3	Médio prazo
Curso MBA no exterior	R$xxx.xxx	4	Médio prazo
Casamento	R$xxx.xxx	5	Médio prazo
Compra de imóvel	R$xxx.xxx	8	Longo prazo
Faculdade do filho	R$xxx.xxx	15	Longo prazo
Aposentadoria	R$xxx.xxx	25	Longo prazo

Segundo o método OIP, existe um objetivo que deverá ser contemplado por todo planejamento de todo investidor: a segurança financeira.

A segurança financeira é a condição primordial para que os demais objetivos possam ser buscados, e sem que ela seja alcançada, todo o planejamento será tão frágil quanto um castelo de cartas, bastando um sopro para fazê-lo desmoronar.

Para alcançar a segurança financeira obrigatória, deve ser criada a chamada "reserva de emergência".

RESERVA DE EMERGÊNCIA (RE)

A RE equivale a um determinado montante destinado a resolver imprevistos de todos os tipos que possam surgir no dia a dia. Existem várias fórmulas que podem ser encontradas na internet para a RE, mas a que eu uso e recomendo é a de pelo menos seis vezes a renda mensal do investidor. Alguns educadores sugerem seis vezes as despesas. Eu acho preciosismo ficar fazendo conta se é sobre receitas ou despesas. Mais importante que o número exato é a ordem de grandeza. Considero seis vezes a renda mensal, pois entendo como uma espécie de cobertura salarial. Então seria dizer que a RE equivale a seis salários, o que é mais simples de determinar do que seis vezes as despesas, que sempre variam.

$$RE = 6 \times \text{renda mensal}$$

RESERVA DE EMERGÊNCIA FLUTUANTE

A RE também pode ser maior do que a multiplicação da renda mensal por seis. Ela pode ser oito vezes a renda ou dez vezes a renda, ou seja, ela pode flutuar dependendo da necessidade.

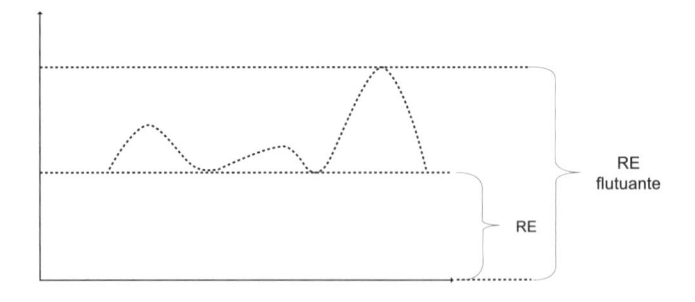

Figura 43

A RE flutuante é aquela que flutua acima no nível de seis vezes a renda mensal. Essa flutuação pode ocorrer em função da percepção de risco ou da incerteza que um indivíduo tenha com relação ao futuro próximo. Se a empresa em que trabalha está fazendo demissões em massa, aumentar a RE pode ser prudente. Se existem planos de pedir demissão, aumentar a RE também pode ser prudente. Se existe algum tipo de situação de saúde com um familiar que requeira algum tipo de apoio que possa durar um tempo, da mesma forma.

A IMPORTÂNCIA ESTRATÉGICA DA RESERVA DE EMERGÊNCIA

A RE tem uma importância estratégica muito grande em toda a formulação do método OIP, porque é ela que permitirá ao investidor realizar investimentos de médio e longo prazo sem que ocorram problemas. Se um investidor resolve fazer apenas investimentos focados em longo prazo, a qualquer sinal de problemas no mercado, pode colocar em risco real sua situação financeira. Imagine investir em ações, amargar perdas de 50% em um determinado período e não ter reserva de emergência? O investidor poderá se ver obrigado a fazer o resgate das posições em ações, amargando resultados negativos catastróficos, tais como os observados no evento do coronavírus.

A reserva de emergência é a garantia de que os objetivos de médio e longo prazo não sejam dizimados do planejamento, pois ela garante que o dia a dia do investidor não será afetado em nada quando imprevistos surgirem.

Durante o período de 2016 e 2019, muitos investidores iniciantes entraram na Bolsa brasileira motivados pelos expressivos resultados do período. Em todo o material que produzi na ocasião e publiquei na internet — em minhas mídias sociais ou nas mídias sociais do BTG Pactual digital —, sempre alertei que não se deveria renunciar à reserva de emergência. Muitos alegavam que, com a queda da Selic, os rendimentos da reserva de emergência estavam muito baixos e que queriam colocar todo o capital em Bolsa. Avisei infinitas vezes que a RE não existe para dar grandes retornos, mas para oferecer segurança. Alguns diziam que contariam com verbas rescisórias de demissão e com o FGTS e que essa seria a sua RE. Aleguei infinitas vezes que verbas rescisórias e o FGTS serviriam apenas na emergência de demissão, mas que as emergências podem ser de vários tipos e normalmente são imprevisíveis. O caso do coronavírus puniu severamente aqueles que não respeitaram essa máxima.

Por esses motivos, é importante que fique totalmente claro que:

"A reserva de emergência é obrigatória na alocação."

INVESTIMENTOS ADEQUADOS PARA CADA OBJETIVO

Chegou a hora de analisar todos os investimentos que foram detalhados anteriormente para utilização no método OIP. Eu disse durante a Parte I que muitas dúvidas surgiriam acerca de todos aqueles produtos e que naquele momento talvez fossem geradas mais dúvidas do que certezas sobre a forma de escolher cada um. Mas eu disse também que explicaria aqui na Parte II exatamente como deveriam ser escolhidos aqui na parte. E é isso que mostrarei agora.

A premissa básica é:

"Cada investimento serve para alguma coisa."

Não se trata de um jogo de acertar aquele que renderá mais, mas de encontrar aquele que é adequado para cada um, e a adequação dependerá justamente dos objetivos pessoais, e é assim que será possível encontrar o investimento perfeito!

Agora chegou a hora de compreender o horizonte de cada investimento. Para entender, é necessário levar dois fatores em consideração: (a) o prazo de vencimento (no caso, títulos de renda fixa) e (b) a natureza do investimento (as características intrínsecas a cada ativo).

Assim chegaremos a uma outra premissa do método OIP:

"Todo investimento tem um horizonte de tempo."

Comecemos a análise pelos títulos do Tesouro Direto.

Título	Rentabilidade anual	Investimento mínimo	Preço Unitário	Vencimento
TESOURO PREFIXADO 2023	6,90%	R$ 33,25	R$ 831,25	01/01/2023
TESOURO PREFIXADO 2026	8,48%	R$ 31,26	R$ 625,22	01/01/2026
TESOURO PREFIXADO com juros semestrais 2031	9,40%	R$ 31,87	R$ 1.062,42	01/01/2031
TESOURO SELIC 2025	SELIC + 0,03%	R$ 105,51	R$ 10.551,76	01/03/2025
TESOURO IPCA⁺ 2026	IPCA + 4,10%	R$ 51,23	R$ 2.561,87	15/08/2026
TESOURO IPCA⁺ 2035	IPCA + 4,64%	R$ 33,39	R$ 1.669,99	15/05/2035
TESOURO IPCA⁺ 2045	IPCA + 4,64%	R$ 31,87	R$ 1.062,39	15/05/2045
TESOURO IPCA⁺ com juros semestrais 2030	IPCA + 4,19%	R$ 38,25	R$ 3.825,33	15/08/2030
TESOURO IPCA⁺ com juros semestrais 2040	IPCA + 4,64%	R$ 39,14	R$ 3.914,94	15/08/2040
TESOURO IPCA⁺ com juros semestrais 2055	IPCA + 4,68%	R$ 41,26	R$ 4.126,30	15/05/2055

Figura 44

A Figura 44, contendo informações retiradas diretamente do site do Tesouro Direto[3] no dia 22 de março de 2020, mostra os títulos disponíveis para aplicação.

Agora é preciso saber para que prazo esses títulos se adequam, ou seja, qual é seu horizonte. Para isso, é necessário fazer a seguinte pergunta para cada um deles: título, em que prazo eu posso resgatar você e ter aquilo que combinei no momento da aplicação?

O título Tesouro Selic responderá: conforme explicado na Parte I do livro, eu sou um tipo de título que é corrigido diariamente, de acordo com o fator diário da taxa Selic vigente. Dessa forma, você pode investir em mim e resgatar a qualquer momento, e terá a rentabilidade combinada pelo prazo em que ficar investido.

Dessa maneira, o Tesouro Selic poderá ser classificado como um investimento de curto prazo, já que fornece uma boa liquidez e o dinheiro estará disponível na conta após um dia útil de sua venda, sem penalização para o investidor.

Se eu fizer a mesma pergunta para os títulos Prefixados (e Prefixados com juros semestrais) e para os títulos Tesouro IPCA+ (e IPCA+ com juros semestrais), a

---

3. https://www.tesourodireto.com.br/titulos/precos-e-taxas.htm

resposta será: antes do vencimento, não garanto nada. Verifique minha data de vencimento.

E assim poderíamos verificar que os títulos do Tesouro Prefixado podem ser de médio e longo prazo, e os títulos IPCA+ são sempre de longo prazo.

E assim funcionará com todos os títulos de renda fixa. No caso daqueles que acompanham a Selic e o CDI e podem ser resgatados a qualquer momento, o horizonte será de curto prazo. E aqueles cuja rentabilidade contratada é garantida apenas no final terão o horizonte correspondente ao prazo de vencimento.

Com relação a outros tipos de investimentos, a pergunta que precisa ser respondida é a seguinte: em quanto tempo é possível chegar a alguma conclusão sobre o desempenho de um investimento?

Chegar à conclusão com relação a um determinado investimento é olhar sua rentabilidade e fazer uma avaliação, não para embasar uma decisão futura, mas para a simples observação de resultado.

É possível olhar a rentabilidade de um dia do Tesouro Selic e saber que aquele investimento terá um comportamento parecido ao longo dos anos. Mas eu não posso dizer o mesmo quanto às ações, que têm um prazo de maturação maior. A ação pode subir muito em um dia e cair por cinco dias seguidos, de maneira que um dia não diz muita coisa.

No livro *Iludidos pelo acaso*, Nassim Taleb apresenta um quadro que mostra a probabilidade de ganhar dinheiro com ações em diferentes escalas de tempo.

TABELA 17	
Escala de tempo	Probabilidade
1 segundo	50,02%
1 minuto	50,17%
1 hora	51,3%
1 dia	54%
1 mês	67%
1 trimestre	77%
1 ano	93%

Taleb, nesse trecho do livro, argumenta que o investimento em ações apresenta melhor possibilidade de desempenho positivo para o investidor quanto maior for o tempo investido, e fala também do péssimo hábito daqueles que verificam suas carteiras de ações com frequência, mostrando que, quanto mais vezes um investidor a observa, maior o desgaste emocional.

Nesse trecho do livro, ele está a dissertar sobre o caso de um dentista e seu acompanhamento do mercado de ações. Algumas frases chamam a atenção:

> "Num pequeno incremento de tempo, observa-se a variabilidade da carteira, não os retornos."
>
> "O dentista saiu-se melhor quando lidava com extratos mensais."

Taleb chama a atenção para o aspecto comportamental e psicológico do investidor quanto a aspectos relacionados ao bem-estar, relevantes também no processo de construção de riqueza.

> "(...) não há estudos investigando as propriedades exatas do esgotamento do trader, mas a exposição diária a graus tão altos de aleatoriedade sem muito controle tem efeitos psicológicos (...)."
>
> "Note também a implicação de que riqueza não importa tanto para o bem-estar quanto a rota utilizada para chegar a ela."

Observando todas as publicações dos grandes investidores já citados neste livro que tratam do tema investimento em ações, será possível concluir que esse tipo de investimento, dada sua característica, só pode ser um investimento com horizonte de longo prazo. E fundos de ações investem em ações, por isso, também seguem a mesma lógica.

Os fundos imobiliários investem em imóveis. Quando uma pessoa adquire um imóvel, imagina-se que o intuito é se desfazer dele em pouco tempo? Não, normalmente não. Sendo assim, o investimento em fundos imobiliários também é um investimento de longo prazo.

O que dizer dos fundos multimercados, que têm uma série de diferentes estratégias mesclando diferentes tipos de riscos? Nesse caso, o ideal é que se analise resultados com pelo menos três anos, de maneira que, dependendo do fundo multimercado, podem ser posicionados como investimentos de médio e de longo prazo.

Quanto aos fundos de renda fixa, existem aqueles que seguem o CDI (espelho da Selic) e aqueles que acompanham os índices IMA-B e IMAB-5+. Esses dois índices são formados por uma carteira teórica de títulos Tesouro IPCA+ marcados a mercado. Se o título Tesouro IPCA+ é um título de longo prazo, os fundos que os compram também devem ser assim considerados. Existem também fundos de renda fixa que acompanham o IMA-B5, que é uma carteira de títulos IPCA+ com prazo inferior a cinco anos. Nesse caso, seriam fundos adequados para o médio prazo. E por fim, existem também os fundos de renda fixa que compram títulos Prefixados. Nesse caso, é preciso saber qual o prazo médio da carteira do fundo para identificar seu horizonte.

Organizando todos os investimentos que foram explicados na Parte I do livro e que representam a maioria esmagadora de todos os investimentos disponíveis no mercado financeiro brasileiro, tem-se informações suficientes para realizar uma excelente alocação de investimentos financeiros pelo método OIP com toda a tranquilidade na tomada de decisão que ele proporciona.

A tabela a seguir apresenta o horizonte dos investimentos segundo as premissas do método.

HORIZONTE DOS INVESTIMENTOS

TABELA 18		
Curto prazo	**Médio prazo**	**Longo prazo**
◆ Poupança	◆ CDB com carência (2 a 5 anos)	◆ Tesouro Prefixado (acima de 5 anos)
◆ Tesouro Selic	◆ RDB com carência (2 a 5 anos)	◆ Tesouro Prefixado com juros semestrais (acima de 5 anos)
◆ Fundo de renda fixa (CDI)	◆ LC com carência (2 a 5 anos)	◆ Tesouro IPCA+
◆ CDB com liquidez diária	◆ Fundos multimercados	◆ Tesouro IPCA+ com juros semestrais
◆ LCI e LCA	◆ Fundo de renda fixa (IMA-B5 e Prefixado)	◆ Fundos de renda fixa (IMA-B e IMA-B5+)
	◆ Tesouro Prefixado (até 5 anos)	◆ Debêntures
	◆ Tesouro Prefixado com juros semestrais (até 5 anos)	◆ CRI e CRA
		◆ Fundos multimercados
		◆ Fundos imobiliários
		◆ Fundos de ações
		◆ Ações
		◆ Previdência privada

A previdência foi classificada como um produto financeiro de longo prazo, pois é no longo prazo que ela proporciona todos os benefícios tributários em sua plenitude. Mesmo que existam fundos de previdência só de renda fixa e que acompanham o CDI, as vantagens do produto são mais bem aproveitadas em longo prazo.

Uma vez que os objetivos individuais e os investimentos estejam definidos em curto, médio e longo prazo, a alocação se dará justamente colocando-se os investimentos adequados para os prazos dos objetivos, conforme a Figura 45.

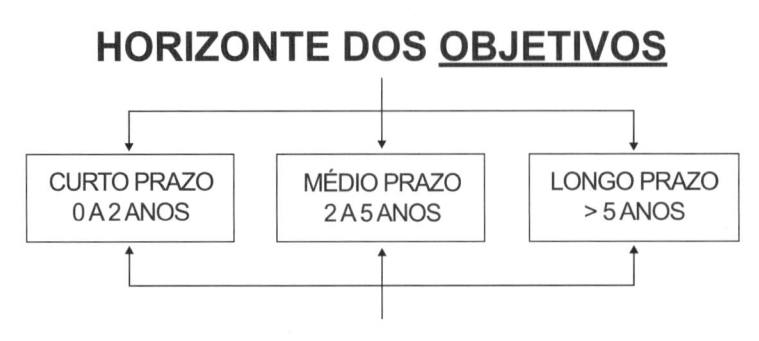

Figura 45

Independente do investimento que um investidor estiver analisando, ele deve sempre conseguir perceber qual é o horizonte desse investimento. Isso feito, será possível identificar claramente para que objetivos ele pode se adequar na carteira, ou seja, o método OIP permite que você aloque quaisquer investimentos de quaisquer mercados (detalhados na primeira parte do livro ou não), bastando para isso classificar seu horizonte e, assim, encaixá-lo na carteira.

Utilizando a tabela de objetivos que foram traçados, teríamos o seguinte:

TABELA 19			
Objetivo	Montante necessário	Horizonte dos objetivos	Produtos elegíveis
Segurança financeira	Somatório dos montantes	CP	Investimentos de CP
Troca de carro			
Mudança de carreira	Somatório dos montantes	MP	Investimentos de MP
Curso MBA no exterior			
Casamento			
Compra de imóvel	Somatório dos montantes	LP	Investimentos de LP
Faculdade do filho			
Aposentadoria			

A alocação deverá ser feita exatamente de acordo com os montantes de cada um dos objetivos nos respectivos grupos de produtos adequados, sendo que a escolha dos produtos específicos contemplará uma decisão por perfil de risco e grau de entendimento de cada investidor sobre eles. Se um determinado investidor deseja investir em longo prazo, mas sem correr os riscos do mercado acionário, basta que ele considere como elegíveis apenas os produtos de longo prazo de renda fixa.

MAPA DE ALOCAÇÃO DE INVESTIMENTOS

Para a tomada de decisão pelo método OIP, apresento a seguir o mapa de alocação no formato de perguntas e respostas. Basta segui-las para a tomada de decisão.

As perguntas e respostas estão numeradas da seguinte forma: "P1" significa "Pergunta 1", e "R1" significa "Resposta 1", e assim sucessivamente.

QUESTIONÁRIO DE ALOCAÇÃO

P1: Você tem reserva de emergência de pelo menos seis vezes sua renda?
R1.1: Não.
> *O que fazer:* investir apenas nos produtos de horizonte de curto prazo e juntar dinheiro até completar a reserva de emergência usando título Tesouro Selic ou fundo de renda fixa com liquidez diária que acompanhe o CDI ou CDB de liquidez diária ou poupança. Entre essas opções, a escolha deve ser a de produtos que gerem rentabilidade mais próxima à de 100% do CDI/Selic.

R1.2: Sim.
> *O que fazer:* passar para P2.

P2: Depois de separar o dinheiro da RE e do CP, você quer alocar seu capital tanto em MP quanto em LP?

R2.1: Não. Pelos meus objetivos, alocarei apenas em CP e MP.
O que fazer: vá direto para a P3.

R2.2: Não. Pelos meus objetivos, alocarei apenas em CP e LP.
O que fazer: vá direto para a P5.

R.2.3: Sim. Pelos meus objetivos, alocarei tanto em MP quanto em LP.
O que fazer: então, referente à parte que pretende alocar em MP, vá para a P3. E na parte que pretende alocar em LP, vá para a P5.

P3: Você quer que todo seu capital de MP tenha liquidez?

R3.1: Não precisa.
O que fazer: alocar o capital de MP em ativos de emissão bancária com carência de dois a cinco anos para obter melhores taxas.

R3.2: Sim, quero que todo ele tenha liquidez.
O que fazer: vá para a P4.

R3.3: Não, quero mesclar. Uma parte com liquidez e outra sem.
O que fazer: dividir parte da alocação em ativos de emissão bancária com carência de dois a cinco anos para obter melhores taxas e outra parte em fundos multimercados.

P4: Você estaria disposto a assumir riscos com todo o capital destinado em MP?

R4.1: Sim.
O que fazer: aplicar o capital de MP em fundos multimercados.

4.2: Não. Com nenhuma parte.
O que fazer: alocar o dinheiro de MP em ativos de emissão bancária com carência de dois a cinco anos para obter melhores taxas e renunciar à liquidez.

P5: Você deseja ter investimentos com risco de mercado para o LP?

R5.1: Não.

O que fazer: alocar dinheiro de LP nos seguintes ativos: Tesouro Prefixado (prazos acima de cinco anos), Tesouro IPCA+ (levar até o vencimento), debêntures, CRI, CRA, e previdência privada (fundo de renda fixa).

R5.2: Sim.

O que fazer: vá para a P6.

P6: Quanto aos investimentos em ações, você mesmo gostaria de estudar para fazer a seleção de suas ações, ou prefere que um gestor profissional preste esse serviço a você?

R6.1: Eu mesmo quero escolher minhas ações.

O que fazer: você poderá dividir seu capital de LP em todas as modalidades de investimento de horizonte de LP, com exceção dos fundos de ações, já que você terá uma carteira própria de ações. Precisará estudar as empresas e fazer suas análises.

R6.2: Prefiro que um gestor faça a escolha de minhas ações.

O que fazer: você poderá dividir seu capital de LP em todas as modalidades de horizonte de LP, com exceção da compra direta de ações. Você usará os fundos de ações. Outra possibilidade é usar ETF caso prefira apenas alocar recursos para seguir os índices de mercado de maneira simplificada e barata.

R6.3: Eu gostaria de escolher e gostaria que um gestor escolhesse.

O que fazer: você poderá dividir seu capital de LP em todas as modalidades de horizonte de LP, incluindo compra direta de ações escolhidas por você e fundos de ações. ETF também é uma possibilidade.

Com essas seis perguntas encadeadas, é possível montar a alocação de absolutamente qualquer carteira de investimentos de maneira estratégica. Após definida a alocação estratégica, a fase seguinte seria a escolha dos produtos, obedecendo seu sentimento maior ou menor de risco em cada uma das possibilidades.

A Figura 46 é o mapa que representa de forma esquemática o mesmo método detalhado pelas perguntas anteriores.

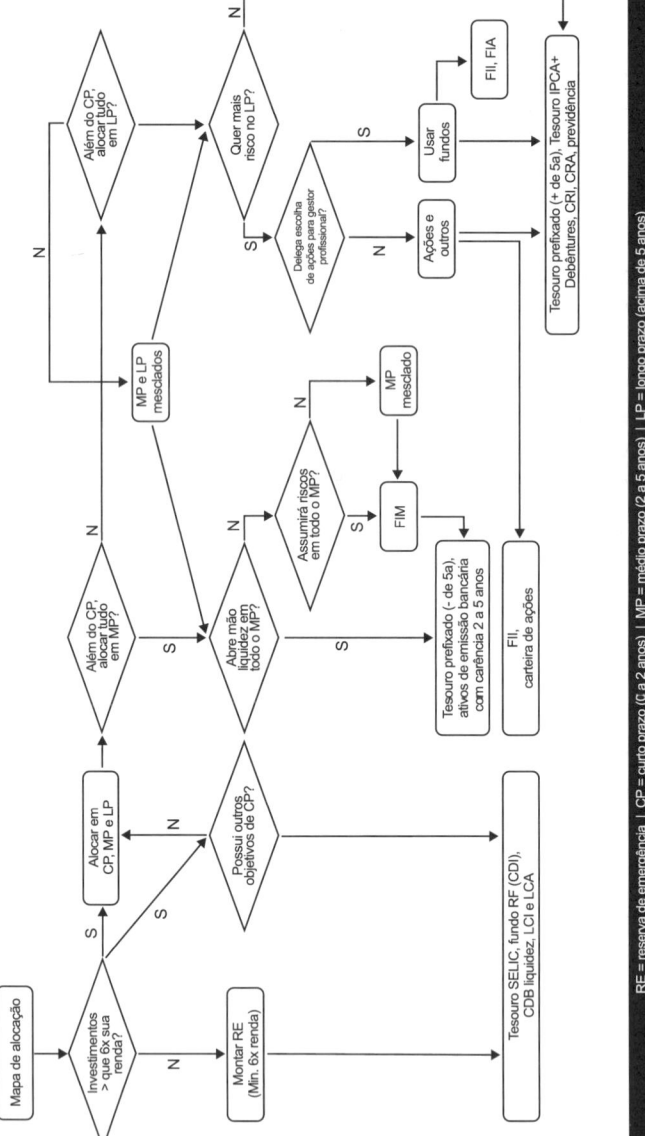

Figura 46

Alguns desdobramentos do método geram dúvidas importantes, e vale a pena esclarecê-las.

MAPA DE ESCOLHA PARA CADA NOVO APORTE

A cada novo aporte que o investidor faz em sua carteira, surge a dúvida: onde alocar meus recursos? Existem duas situações em que esta pergunta será feita. A primeira situação é aquela que diz respeito à alocação em geral. Nesse caso, ele verificará se a reserva de emergência está completa, como andam os objetivos de curto, médio e longo prazo, verificará em qual deles será mais adequado aportar e terá sua resposta.

Já na segunda situação, ele já definiu que determinado capital será alocado para, digamos, longo prazo, e agora ele quer saber exatamente o tipo de produto que usará. Uma forma de resolver isso é utilizar o mapa auxiliar de escolha de investimentos do método OIP, que é muito simples e baseado no tripé dos investimentos.

O tripé dos investimentos é formado por três elementos: segurança, liquidez e rentabilidade. Nenhum investimento será capaz de fornecer as três coisas ao investidor, e será necessário enfrentar um dilema de escolha. A boa notícia é que, embora um investimento individualmente não seja capaz de fornecer as três coisas, a carteira como um todo é capaz, já que reúne investimentos que, combinados, satisfazem a todas essas características.

Então, baseado no tripé dos investimentos, o mapa auxiliar de escolha de investimentos no formato de questionário é o seguinte:

P1: Entre segurança, liquidez e rentabilidade, o que você prioriza para este investimento?
R1: Anote e siga para a P2.

P2: Das duas alternativas que sobraram, qual você prioriza?
R2: Anote junto da resposta dada em R1.

Feitas as duas perguntas, existirão seis combinações de respostas:

Segurança + Rentabilidade (renuncia à liquidez)

Segurança + Liquidez (renuncia à rentabilidade)

Liquidez + Segurança (renuncia à rentabilidade)

Liquidez + Rentabilidade (renuncia à segurança)

Rentabilidade + Liquidez (renuncia à segurança)

Rentabilidade + Segurança (renuncia à liquidez)

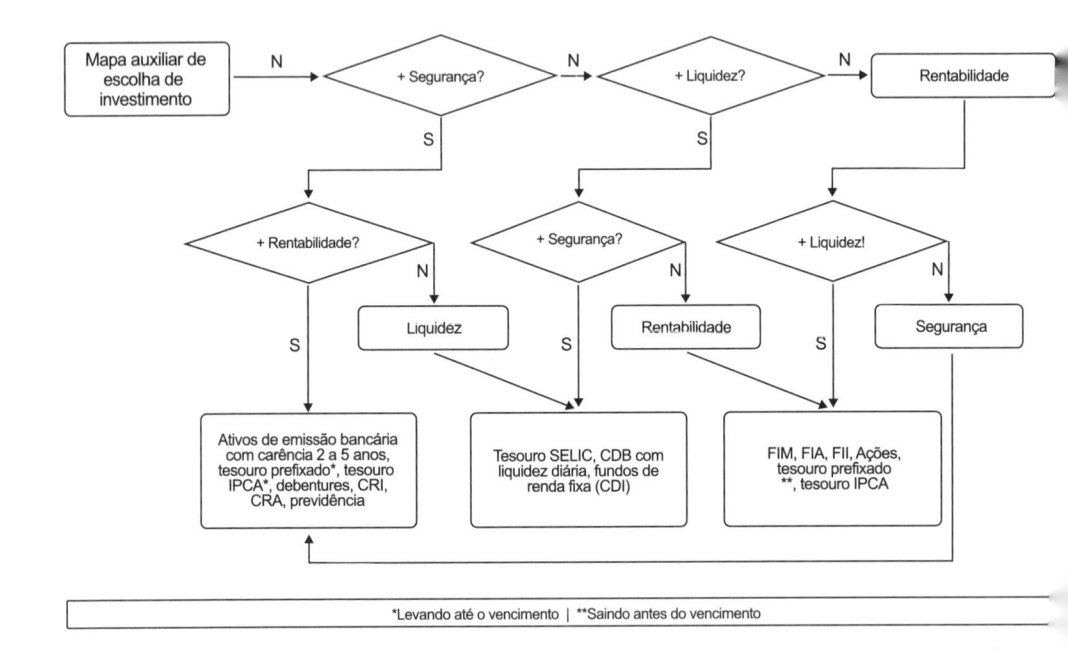

Figura 47

Observe que a combinação 1 é a mesma da combinação 6. A combinação 2 é a mesma da combinação 3. A combinação 4 é a mesma da combinação 5. Desta maneira, existem apenas três combinações que equivalem ao que o investidor está renunciando. Então, qualquer que seja a opção, o investidor deverá renunciar a uma das três características do tripé.

1. Renuncia à liquidez.

2. Renuncia à rentabilidade.

3. Renuncia à segurança.

Em qualquer escolha de investimento é possível saber exatamente a que está se renunciando. Se pretendo fazer um investimento agora e quero rentabilidade e liquidez, então renunciarei à segurança, e assim sucessivamente. Entender o tripé permite ao investidor dimensionar também os riscos.

Podem existir investimentos que ofereçam apenas uma das três características. Tome por exemplo um determinado fundo de ações cujo prazo de resgate ocorra em D+60, ou seja, depois de sessenta dias da solicitação. Nesse caso, podemos dizer que esse investimento não oferece nem liquidez e nem segurança. Espera-se que a rentabilidade esperada supere a renúncia das demais.

Pelo tripé, é possível saber de maneira cirúrgica a que características se está renunciando em uma escolha de produto. Sempre que tomar uma decisão de investimento, sugiro que avalie sob a ótica do tripé, pois tudo ficará muito claro.

Capítulo VI

ASPECTOS PRÁTICOS DO MÉTODO OIP

RESERVA DE EMERGÊNCIA × INVESTIMENTO DE CURTO PRAZO

O investimento destinado ao capital de curto prazo não compreende apenas a reserva de emergência. Se um indivíduo tem uma renda de R$10 mil e o plano de fazer uma viagem gastando R$30 mil dentro de um prazo de dois anos, então ele deverá ter R$90 mil investidos em capital de curto prazo; R$60 mil serão a reserva de emergência, e R$30 mil o gasto com a viagem. Dessa maneira, o investimento de curto prazo é sempre maior ou igual à reserva de emergência, mas a reserva de emergência não deve ser utilizada para os gastos de curto prazo.

Investimento CP = RE + Planos de CP

O MELHOR PARA A RESERVA DE EMERGÊNCIA

Dentro dos investimentos de curto prazo estão poupança, Tesouro Selic, fundo de renda fixa, CDB com liquidez, LCI e LCA.

A LCI e a LCA têm carência, portanto, não podem ser resgatadas a qualquer momento de acordo com uma emergência, não sendo adequadas para a RE.

A poupança é o que apresenta menor rentabilidade entre essas opções, mas tem um fator favorável, que é a simplicidade de uso e até mesmo a possibilidade de saque em fins de semana. Vale lembrar que existem limites de saque nos caixas automáticos, de maneira que não adianta manter tudo em poupança pensando apenas na possibilidade de saque, pois não será possível. Então, cada investidor deve avaliar se é conveniente ou não para si.

O Tesouro Selic pode ser resgatado a qualquer tempo, porém ele é creditado na conta no dia útil seguinte ao da solicitação, o que significa um pequeno prazo de espera. É a opção com maior segurança, já que é garantida pelo Governo Federal.

O CDB com liquidez diária disponibilizado nos bancos de varejo normalmente têm taxas mais baixas do que as pagas no Tesouro Selic, mas podem atender ao objetivo.

Os fundos de renda fixa, especialmente aqueles na modalidade referenciado DI, têm liquidez no mesmo dia útil, se o resgate for pedido dentro de um horário limite. Há fundos de renda fixa que aplicam todos seus recursos no Tesouro Selic, o que garante tanto a segurança quanto a praticidade de resgate.

Há muita similaridade entre essas opções, e o investidor deve pesar o seguinte: (a) aquilo que o deixa mais seguro e é prático e (b) se é possível chegar em uma rentabilidade equivalente a 100% do CDI. Eu considero que não há grandes diferenças e que não há necessidade de um investidor dividir o capital da RE entre mais de um produto. Todos esses investimentos fazem praticamente a mesma coisa.

LCI E LCA NOS INVESTIMENTOS DE CURTO PRAZO

A LCI e a LCA, como explicado na Parte I do livro, têm carência mínima de noventa dias, e por isso não devem ser utilizadas como reserva de emergência. Mas grande parte das emissões se concentra até o prazo de dois anos. Por isso, embora não sirvam para reserva de emergência, podem ser utilizadas para alocação referente a objetivos com datas determinadas.

Exemplo: um investidor com renda de R$10 mil e troca de carro programada para doze meses com gasto de R$50 mil pode alocar R$60 mil da reserva de emergência em um fundo referenciado DI e R$50 mil em LCI com vencimento para doze meses.

ATIVOS DE EMISSÃO BANCÁRIA PARA O MÉDIO PRAZO

Os ativos de emissão bancária são vários e com vários prazos, então a maneira de escolher qual usar para cada necessidade dependerá do prazo dos objetivos.

Exemplo: um investidor deseja custear a festa de casamento da filha daqui a três anos e adquirir um imóvel daqui a cinco anos. Então ele poderá dividir a carteira em ativos de renda fixa com carência com prazo de três anos e ativos com carência de cinco anos. À medida que o tempo for passando, esse objetivo de três anos se tornará um objetivo de dois anos, e se ele ainda tiver que aplicar capital para completar o montante necessário, deverá escolher produtos com carência de dois anos, podendo incluir a LCI ou LCA também, já que o prazo do sonho terá se transformado em curto prazo.

As plataformas de investimento apresentam uma infinidade de possibilidades. Basta escolher entre aquelas que satisfazem o critério de prazo em uma taxa de rentabilidade que seja atrativa, lembrando sempre de se manter dentro dos limites do FGC por emissor.

INVESTIMENTOS COM IMPOSTOS VERSUS INVESTIMENTOS SEM IMPOSTOS

Mencionei na Parte I o termo Gross Up, que nada mais é do que embutir impostos em um investimento isento para efeitos de comparação.

Imagine que, diante de sua escolha de ativos de emissão bancária, você tenha duas opções: uma LCA — que é isento de IR — e um CDB, ambos para doze meses e emitidos pelo mesmo banco (mesmo risco de crédito, portanto), conforme a seguir:

TABELA 20		
	LCA	CDB
Prazo	12 meses	12 meses
Taxa	97% do CDI	112% do CDI

Aparentemente, a taxa do CDB é bem melhor. Mas a própria plataforma de investimento me dá outra informação:

TABELA 21		
	LCA	CDB
Prazo	12 meses	12 meses
Taxa	97% do CDI	112% do CDI
Taxa Equivalente CDB	117,58% do CDI	112% do CDI

A Taxa Equivalente CDB me mostra justamente o Gross Up, ou seja, já que o CDB tem IR e a LCA não, a quanto corresponderia uma LCA de 97% do CDI para o prazo de um ano caso ela tivesse a mesma tributação do CDB? Ela corresponderia a um CDB de 117,58% do CDI, o que significa que a LCA de 97% do CDI é mais rentável que o CDB de 112% do CDI para o prazo de um ano.

A mesma coisa deve ser feita para comparar as taxas das debêntures isentas de IR (incentivadas) com as debêntures tributadas. Ou com o Tesouro para prazos parecidos.

Assim, o investidor terá parâmetros para a escolha de cada um dos ativos de renda fixa que comporão a carteira, comparando corretamente aqueles isentos daqueles que são tributados.

PERDA FIXA, NUNCA MAIS!

Um chavão que ficou conhecido no meio do público investidor é chamar a renda fixa de "perda fixa". Tal chavão foi popularizado, até onde sei, pelo investidor brasileiro Luiz Barsi, que é o maior investidor pessoa física da Bolsa brasileira e entusiasta pelo mercado de ações, respaldado em sua própria história de sucesso. Barsi defende que, no longo prazo, a renda fixa não protege ninguém da inflação, e esse é o motivo do chavão.

Porém, muitos investidores iniciantes, no auge da alta do mercado no período de 2016 a 2019, interpretaram o chavão do Luiz Barsi de maneira equivocada. Muitos entenderam que jamais deveriam usar renda fixa na carteira e investir somente em ações. Mas em alguns materiais publicados na internet, o próprio Barsi faz a ressalva de que, "para aquele dinheiro que não tem compromisso, voltado para o acúmulo de patrimônio", a Bolsa é a melhor opção.

Repare que Barsi está olhando para investimentos de longo prazo ao chamar a renda fixa de perda fixa, e não para aquele capital que precisa ser alocado para a reserva de emergência ou para compromissos imediatos.

A filosofia de investimento em ações do Luiz Barsi é difundida pelo site AGF — Ações Garantem o Futuro.[1]

---

1. https://acoesgarantem.com.br/

A ESCOLHA DOS FUNDOS

Uma vez identificado qual fundo faz sentido na alocação, será necessário dedicação ao entendimento das alternativas disponíveis no mercado e à sua compreensão mais aprofundada, política de investimentos e estratégias adotadas. Isso vale também para fundos imobiliários e ETF. É um trabalho micro que precisa ser feito, e os serviços de apoio e atendimento das instituições financeiras, ou mesmo relatórios especializados sobre o tema, precisam ser consultados. Gestoras normalmente publicam cartas mensais, bimestrais, trimestrais, semestrais ou anuais em seus sites, além de terem perfis em redes sociais, o que torna possível a aproximação do investidor com o racional de investimento de cada um deles.

O grande benefício do método OIP é que ele proporciona a visão estratégica da alocação. Ao pedir informações sobre um fundo de ações, por exemplo, o investidor já sabe previamente que essa escolha representará X% de toda sua alocação, correspondendo a R$Y mil. É uma busca de informações totalmente direcionada, pois está claro exatamente qual é o papel daquele produto na carteira e seu respectivo horizonte.

Ainda que o funcionário de uma instituição financeira force a venda de determinados produtos, o investidor sabe se defender, pois sua alocação estratégica está previamente montada e definida.

MÉTODO OIP E QUEDAS DAS AÇÕES

O método OIP proporciona aos investidores tranquilidade em períodos de crise justamente porque separa o capital em curto, médio e longo prazo. Quando o capital é separado, mesmo que o investidor tenha investimentos em ações e verifique grande desvalorização devido a crises, é muito claro que aquela parcela do dinheiro não interfere em absolutamente nada na segurança financeira de que ele necessita (dada pela reserva de emergência) tampouco nos planos que ele deseja realizar em curto e médio prazo. Portanto, no método OIP, a queda do mercado não cria impactos no dia a dia dos investidores e nem gera qualquer tipo de restrição financeira imediata.

Isso fica mais evidenciado com o desenvolvimento da visão 3D do investidor, em comparação com a visão 2D, que explicarei mais adiante.

USANDO A PROTEÇÃO DO OURO E DO DÓLAR

Não entendo o ouro e o dólar como investimentos. Na minha concepção, investimento é aquilo que gera algum fluxo de caixa para o investidor. Uma aplicação em renda fixa gera juros. Um investimento em empresas gera caixa, lucros e, consequentemente dividendos. Em ambos os casos, faz-se mais unidades monetárias do que inicialmente se tinha. Antes eu tinha R$100 mil, agora tenho R$101 mil.

Ao investir em ouro, não há uma multiplicação do ouro. Sua valorização ou desvalorização se dá não com relação a si mesmo, mas com relação a outras moedas. Quando se observa que o grama do ouro subiu, não significa que o grama do ouro gerou mais gramas de ouro, mas que sua cotação subiu quando feita a paridade com uma moeda, como o real ou mesmo com o dólar.

Da mesma maneira, ao investir na cotação do dólar, digamos, o equivalente a US$10 mil, não será possível em tempo nenhum que esses US$10 mil virem US$11 mil. Mas será possível que US$10 mil equivalham a mais ou menos reais ao longo do tempo. Mas os US$10 mil continuarão sendo US$10 mil, pois o dólar, por si mesmo, não gera caixa, assim como o ouro também não gera.

Isso não significa que não se possa utilizar o dólar e o ouro na carteira de investimentos. No entanto, o ouro e o dólar constituem elementos de proteção (hedge) de uma carteira de investimentos e, por isso, não apareceram na tabela que classifica os investimentos em horizontes.

Como hedge, sua finalidade na carteira é proteger quanto às oscilações, fazendo um contrapeso com relação à renda variável em momentos de crises. É importante relembrar que não é possível saber exatamente quando começa e quando termina um período de crise, e, dessa maneira, aqueles que queiram utilizar instrumentos para proteção devem utilizá-los sem tentar adivinhar o que acontecerá, mas mantê-los de maneira permanente na alocação de LP.

Há investidores que utilizam o método OIP e não sentem a necessidade de utilizar produtos de proteção da carteira, uma vez que, já tendo distribuído os investimentos para os horizontes corretos, não há por que se preocupar com as oscilações. Mas há outros investidores que, mesmo utilizando o método OIP, incomodam-se com as oscilações de longo prazo e querem ter essa proteção. Não há nenhuma contraindicação. É basicamente aquilo que já mencionei anteriormente: trata-se de usar um pouco dos conceitos da TMP nos investimentos com horizonte de LP do método OIP. Esse ajuste é individual de acordo com o sentimento de cada investidor em relação aos riscos apresentados.

Sendo o caso, a maneira mais simples de utilizar esses instrumentos é via fundos que acompanhem as cotações tanto do ouro quanto do dólar.

TESOURO DIRETO FECHADO PARA NEGOCIAÇÃO

Em determinados momentos, devido à alta volatilidade na negociação das taxas de juros futuros, o Tesouro Direto fecha suas operações, sendo impossível adquirir novos títulos ou vender aqueles que se possui. Tal situação gerou um desconforto no mês de março de 2020, no epicentro da crise do coronavírus, e, segundo relatos de internautas nas diversas mídias sociais, chegou a ficar dois dias úteis fechado. O maior problema se referiu ao título Tesouro Selic, uma vez que ele é uma das opções para a reserva de emergência, cuja liquidez não se mostrou eficiente naquela emergência real.

Após esse episódio, o Tesouro anunciou[2] que as suspensões do Tesouro Direto não mais afetarão os títulos Tesouro Selic.

---

2.   https://br.investing.com/news/economy/suspensoes-do-tesouro-direto-nao-afetarao-mais-titulos-atrelados-a-selic-729187

O investidor que utiliza o método OIP de alocação está protegido contra isso em relação aos outros títulos. Se pelo método OIP os títulos Tesouro Prefixado e Tesouro IPCA+ são posicionados na carteira para objetivos de médio e longo prazo, eventuais paralisações que ocorram durante intervalos curtos (horas ou alguns dias em momentos mais críticos) não trarão impactos, já que esses títulos não deverão ser utilizados para necessidades emergenciais. O método OIP contempla o posicionamento de cada investimento na carteira exatamente da maneira que ele é mais eficiente. Se o investidor usar corretamente o Tesouro IPCA+ ou o tesouro prefixado, que diferença fará se o Tesouro ficar fechado de vez em quando? Nenhuma.

POR QUE ESCOLHI ESSE INVESTIMENTO?

Uma das dúvidas mais comuns de investidores durante seu processo de investimento e diante de uma adversidade é: "O que faço com esse investimento depois dessa queda?" Em um primeiro momento, essa dúvida é até aceitável, porque ele se vê surpreendido. Talvez você, leitor, possa se deparar muitas vezes com essa mesma dúvida: "Comprei ações e elas caíram. E agora?"

Se tudo parasse por aí, tudo bem. Mas não para. Quando um investidor compra ações e elas sobem muito, ele faz a mesma pergunta. "Comprei ações Y. Elas subiram muito. O que devo fazer?" E fazem essa pergunta quando as ações oscilam durante um tempo em um pequeno intervalo: "Comprei ações X. Elas não caíram nem subiram, ficam oscilando ali pelos mesmos preços. O que devo fazer?"

É nessa hora que ações se assemelham a jogos de azar. Não pelo que elas são, que nada tem a ver com sorte, mas pelo comportamento completamente despreparado de cada investidor que tem essas dúvidas.

A primeira parte dessa resposta diz respeito ao entendimento do produto. Se alguém investe em ações e se surpreende quando elas caem, então certamente não compreendeu o que é uma ação e como funcionam suas negociações em Bolsa. Simplesmente porque subir e cair é da natureza desse tipo de investimento e, sendo assim, o investidor que compreende esse investimento jamais deveria se surpreender quando elas caem, porque, se há uma certeza no mercado de ações, é a seguinte: em vários momentos, elas cairão, subirão ou oscilarão em uma faixa estreita de preços.

A segunda parte da resposta é outra pergunta: por que você investiu nessas ações? Essa pergunta é chave, porque, se alguém investiu, foi por ter um motivo fundamentado, então deveria verificar se esse motivo continua existindo. Um exemplo de motivo para a compra de uma ação seria algo assim: "Comprei para o longo prazo porque considero essa uma boa empresa, com baixo endividamento, bons indicadores financeiros e que atua num mercado promissor." E então elas caem, e a resposta para "o que fazer" é: "Os motivos que fizeram você comprar ainda existem?" Normalmente, as pessoas se desesperam pelos preços, e não pelos fundamentos.

É aterrorizante quando o investidor não sabe dizer para si mesmo o motivo que o fez investir naquela ação. E isso não é incomum. É a prova mais cristalina de que não houve nenhum processo de reflexão sobre o investimento, e a decisão provavelmente foi tomada com ansiedade e despreparo. Aí acaba virando cassino mesmo.

O método OIP trata desse assunto com clareza. "Por que comprei esse CDB de três anos?" A resposta é objetiva: "Comprei esse CDB de três anos porque esse dinheiro será usado para a realização do meu curso no exterior." As ações estão despencando? O que fazer? Usar a pergunta: "Por que investi em ações?" A resposta cristalina será: "Porque elas estão ali para a construção da minha aposentadoria, que é um objetivo de longo prazo, e eu considero que, no longo prazo — que é o horizonte correto para ações —, elas me proporcionam uma perspectiva de ganhos melhores."

Note que, de acordo com o método OIP, cada investimento escolhido tem um motivo, e esse motivo é crucial para quando as dificuldades aparecerem. E cada investidor saberá com clareza identificar esse motivo, que foi construído a partir de um planejamento pessoal.

Quando isso ocorre em outros modelos de carteira, como na TMP, a resposta pode não ser muito confortante. O motivo "escolhi baseado num modelo matemático de volatilidades e retornos" não é tão poderoso quanto o motivo "escolhi para realizar tal objetivo".

Esse tipo de problema surge também quando um investidor escolhe ações, fundos de ações ou fundos imobiliários sem refletir sobre o horizonte desses investimentos e então aloca o capital de que precisará para emergências ou para compromissos de médio prazo. Quando isso é feito, há um descasamento entre horizonte do objetivo e horizonte do investimento, de maneira que, para salvar o objetivo, o investidor precisará se desfazer do investimento antes de sua maturação natural, o que o expõe a muito mais riscos do que os intrínsecos ao próprio investimento.

Sempre que houver dúvidas sobre um investimento em algum momento desfavorável, é necessário relembrar o motivo que deu origem àquela escolha. O motivo tem de existir, e jamais pode ser "porque estava rendendo mais".

Se o investidor usa o método OIP e adquire ações para o longo prazo, ele tem RE para eventualidades, tem investimentos de CP para objetivos de CP e investimentos de MP para o MP, de maneira que a oscilação dos investimentos de LP não afetará em nada seu dia a dia e trará o conforto necessário para deixar que as oscilações, por mais bruscas que sejam, ocorram.

> ## *"Cada um dos investimentos de uma carteira tem de ser escolhido por um motivo claro e objetivo!"*

Se um investidor escolheu determinados investimentos com horizonte correto e ancorado em objetivos da vida real, como, por exemplo, "escolhi esses investimentos porque quero passar um ano velejando pelo mundo", a única resposta para uma dúvida sobre "o que devo fazer agora" seria: "O seu objetivo mudou?" Se seu objetivo mudou, então repense a carteira. Mas, se continua o mesmo e o investimento escolhido te levará ao alcance da meta, por que fazer alterações?

ALOCANDO E ACUMULANDO

Muitos investidores que iniciaram o uso do método OIP apresentaram a seguinte dúvida: "Eu entendi que devo separar os investimentos em CP, MP e LP de acordo com meus objetivos de CP, MP e LP. No entanto, ainda tenho poucos recursos. O que fazer?"

A primeira pergunta do mapa de alocação de investimentos é justamente se já existe uma reserva de emergência. E se não existe, a primeira coisa a fazer é montá-la.

Desta maneira, a orientação do método OIP é a seguinte: primeiro serão planejados os objetivos e os respectivos montantes necessários, tal qual na tabela de objetivos que foi apresentada anteriormente. Depois, o investidor separará os três horizontes temporais em três "recipientes", como na Figura 48. Cada recipiente será preenchido com dinheiro ao longo do tempo.

CURTO PRAZO   MÉDIO PRAZO   LONGO PRAZO

Figura 48

Todos os esforços devem ser para preencher primeiro o recipiente do CP, que inclui a RE e os demais objetivos de CP, da maneira mais rápida possível. Nenhum aporte deve ser feito nos recipientes do MP e nem do LP antes de o recipiente do CP estar completo.

Após o preenchimento do recipiente do CP, há duas opções: (a) iniciar o preenchimento do MP para só então iniciar o preenchimento do LP, ou (b) preencher ambos, dividindo os aportes entre eles.

A opção (a) se sustenta no seguinte argumento: se um indivíduo tem objetivos de médio prazo, o prazo de dois a cinco anos é relativamente curto, de maneira que o efeito dos ganhos dos investimentos não será tão significativo. É importante lembrar que, para realizar um objetivo, é necessário atingir um determinado montante financeiro, que compreende três fatores: aporte, tempo e rentabilidade. Nesse caso, para os objetivos de MP, o tempo não é tão longo, e a rentabilidade não tem como causar grandes efeitos, de maneira que o aporte se torna o principal componente para sua realização. Então, na opção (a), a ideia é acelerar a acumulação para a realização desses objetivos, concentrando todos os aportes no MP, de maneira que sejam atingidos o mais rápido possível.

Somente depois que o recipiente de MP estiver completo, todo o foco passaria a ser no LP. Mas há um risco na opção (a). Se um investidor tiver um comportamento excessivamente consumista, pode desejar uma quantidade infinita de coisas que drenarão todos os seus esforços para custeá-las e jamais se preocupará com a acumulação de LP, que é justamente aquilo que constrói a aposentadoria e permite a formação de patrimônio. Chamo esse tipo de pessoa de "poupador", não de "investidor", mas esse é um conceito pessoal. Entendo que "poupador" é aquele que junta algum dinheiro, mas sempre com a finalidade de gastá-lo, nunca para realmente formar patrimônio. E o "investidor" é aquele que está realmente com uma mentalidade de longo prazo e formação de patrimônio. Entendo que um indivíduo só pode se chamar efetivamente de investidor quando está trabalhando no recipiente de longo prazo.

A opção (b) pode ser muito útil justamente para evitar que todos os recursos sejam consumidos em prejuízo da acumulação para o longo prazo, fomentando um comportamento de poupador (nos termos que expus anteriormente). Por isso, dividir entre objetivos de MP e de LP após completar o CP pode ser muito útil, pois, ao mesmo tempo em que se está acumulando recursos e formando patrimônio, o investidor também vai realizando aqueles sonhos que lhe trazem satisfação. A opção (b) seria um meio termo, um ponto de equilíbrio entre o consumo e o longo prazo, sendo ambos realizados de maneira planejada. Dependendo da idade do indivíduo, talvez seja interessante definir mensalmente aportes maiores para o MP do que para o LP, já que o LP pode ter um horizonte de 15, 20, 25 ou 30 anos, enquanto o MP será sempre perto de 5 e requererá mais dos aportes. No LP, a formação de patrimônio será impactada tanto pelo aporte quanto pelo tempo e pela rentabilidade, sendo sua capacidade de crescimento muito maior. Ou seja: mesmo que os aportes em LP sejam menores do que os do MP, ainda assim será possível que sua capacidade de acumulação seja superior devido ao fator tempo.

Existe ainda uma opção (c) que não mencionei anteriormente, mas que seria a de preencher o CP primeiro e depois pular para o LP. E só trabalhar no MP quando concluir o LP. Essa lógica se baseia no seguinte: a RE traz segurança. A aposentadoria nada mais é do que um custo com o qual todos terão que arcar na velhice, aconteça o que acontecer, então seria melhor eu resolvê-la logo, concentrando todos meus esforços nela, e só depois disso começar a realizar objetivos de consumo. O risco que existe aqui é o represamento excessivo de recursos, transformando toda a jornada de vida em algo quase miserável, mesmo que dinheiro esteja sendo acumulado. Essa conduta, quando realizada em alto grau, pode retirar do indivíduo a sensibilidade da vida e das satisfações provenientes das realizações durante a jornada, que poderiam funcionar como prêmios autoconcedidos pela evolução.

Particularmente, entendo que entre as opções (a), (b) e (c) existe um dilema que cada um deve tratar individualmente, pois é um dilema de escolhas e prioridades pessoais, não cabendo ao método OIP fazer julgamentos sobre aquilo que é importante para cada um. A minha dica pessoal é buscar o equilíbrio. Afinal, apostar todas as fichas no LP pode levar a uma vida miserável com uma velhice abundante, e apostar todas as fichas no MP pode levar a uma vida abundante com uma velhice miserável. Dilemas de escolhas e prioridades sempre existirão, mesmo para o homem mais rico do mundo, pois, mesmo com toda sua riqueza, ele não poderá estar em um camarote na final do Super Bowl e simultaneamente assistir *in loco* a um campeonato de surf na Austrália.

Uma boa fórmula pode ser a seguinte: fazer a projeção do montante necessário para a aposentadoria e o respectivo cálculo necessário dos aportes mensais a partir da data atual. E o que sobrar do aporte mensal total poderia ser direcionado para o MP. Um exemplo prático seria o de um investidor de 35 anos que possa guardar R$1 mil por mês. Ao fazer a conta da aposentadoria, ele verifica que precisa ter um montante que equivale a aportes de R$400 em contribuições mensais durante 30 anos. E os R$600 que lhe sobram dos aportes poderiam ser destinados aos objetivos de MP.

Há de se considerar também que, em não se tratando de um consumista compulsivo, os objetivos de MP diminuem no decorrer da vida. Existem alguns grandes eventos que demandam mais recursos, como casamento, filhos e compra de imóvel. Depois, os objetivos de MP vão escasseando, de maneira que a contribuição para a carteira de LP pode aumentar, melhorando cada vez mais a qualidade de vida e até mesmo deixando recursos que possam garantir alguma ajuda para a geração seguinte, via sucessão.

MÉTODO OIP E AUTONOMIA

A informação e o conhecimento são as armas que investidores têm para não ficar à mercê dos vendedores de produtos financeiros que, em grande parte, são remunerados por comissões ou cobrados por alcance de metas de produtos. Obviamente, em todas as profissões há aqueles que se preocupam em fazer uma venda consultiva que agregue valor ao investidor, mas também há os oportunistas, e por isso o aprendizado é uma arma de defesa.

Até então, os modelos de alocação exigiam do investidor aprofundamento em determinados conhecimentos, gerando outro dilema relacionado à alocação do tempo: dedicar-se mais à compreensão aprofundada das técnicas de investimento ou ao desenvolvimento profissional — que é de onde vem a renda e a capacidade de acumulação de capital — e às atividades pessoais que envolvem o lazer com a família e com os amigos?

O método OIP proporciona uma solução simples que, mediante algumas horas de estudo iniciais, permite ao investidor montar seu planejamento e decidir sobre seus investimentos em quaisquer momentos da vida e em quaisquer cenários econômicos, justamente porque a decisão se baseia em seus objetivos, sendo, portanto, um método atemporal.

Olhar para dentro pode inicialmente ser mais difícil do que resistir à tentação sedutora de olhar para fora e para as explicações de especialistas do assunto. É natural que aceitemos mais os argumentos complexos do que os simples. Mas o fato é que olhar apenas para fora para a tomada de decisão significa justamente retirar o aspecto individualizado da carteira. Especialistas falam sobre cenários, política, economia e sobre produtos. Mas especialistas não podem resolver a parte individualizada da equação de investimento, aquela parte que trata dos anseios íntimos de um indivíduo.

O método OIP traz autonomia, pois, no momento de ligar para o banco de varejo para conversar com seu gerente ou para a plataforma de investimentos para falar com o assessor, o investidor não fará perguntas do tipo: "E aí, tudo bem? Em que você sugere que eu invista?" Fará perguntas objetivas, tais como: "E aí, tudo bem? Para minha carteira, desejo alocar R$50 mil em fundos multimercados. O que tem a me dizer sobre as opções disponíveis?" Repare que é um questionamento consciente e direcionado que se refere apenas ao produto, mas não à alocação toda que já foi planejada pelo próprio investidor. Ofertas do tipo "tem um fundo de ações aqui com um desempenho excelente nos últimos anos e gostaria de te apresentar" não funcionarão, pois o investidor já sabe de antemão se deve ou não ter fundos de ações, em que proporção na carteira, e pode ser até que já tenha feito essa alocação. E então poderá responder: "Obrigado, não tenho interesse, pois minha alocação de longo prazo já está definida."

MÉTODO OIP PARA APOSENTADOS

Existem aqueles que já atingiram uma certa idade e já acumularam certo patrimônio e estão em outra fase. O método OIP também contempla essa situação, e a carteira pode ser montada exatamente da mesma maneira, com a exclusão dos investimentos de risco.

Retirar os investimentos de risco é uma boa prática, uma vez que, na aposentadoria, pode ser que o indivíduo precise contar obrigatoriamente com aqueles recursos para complemento de suas despesas de subsistência. Como já explicado, os investimentos de risco devem ser usados com horizonte de LP, inclusive para que haja tempo de recuperação nos casos de crises econômicas agudas. Uma vez aposentado, o tempo a ser vivido já não é tão abundante como quando jovem, de maneira que quedas significativas no patrimônio poderiam criar impactos significativos e irrecuperáveis, afetando diretamente a qualidade de vida. Uma exceção a isso é aquele caso em que o investidor foi muito bem sucedido durante sua vida, tendo acumulado patrimônio bem elevado, e seu objetivo de longo prazo esteja relacionado à transmissão para os herdeiros.

Em uma situação como essa, o método OIP deve ser utilizado da mesma maneira: reserva de emergência e objetivos de curto, médio e de longo prazo, de maneira que tudo pode ser feito baseado em um cronograma de desembolso.

Exemplo:

Como um investidor aposentado, que precisa obrigatoriamente retirar R$5 mil de seus investimentos mensalmente para subsistência e complementação da aposentadoria do INSS, deve montar sua carteira pelo método OIP?

Solução:

Inicialmente, é preciso somar as duas rendas (INSS + R$5 mil) para chegar ao valor da renda mensal, digamos, de R$10 mil.

Depois, é preciso calcular o valor da reserva de emergência de seis vezes a renda, equivalendo à R$60 mil. Esses primeiros R$60 mil deverão ser aplicados nos produtos já apresentados para essa finalidade.

O passo seguinte é identificar os objetivos de curto prazo, incluindo o desembolso necessário para a subsistência por um ano. Doze meses vezes R$5 mil equivale à R$60 mil. Então, esses R$60 mil devem ser aplicados da mesma maneira que a reserva de emergência, para que estejam disponíveis.

Uma vez que o plano do primeiro ano esteja completo, o próximo passo é estabelecer os objetivos para o segundo ano. Digamos que seja a subsistência usando mais R$60 mil para o ano seguinte. Então, pode-se aplicar mais esses R$60 mil em LCI ou LCA, com prazo de carência e vencimento de um ano.

Por fim, deve-se seguir o mesmo raciocínio para os anos seguintes e alongar as aplicações em renda fixa com vencimentos em dois, três, quatro, cinco anos, conseguindo, assim, melhorar sua rentabilidade total e mantendo sempre o suficiente de recursos disponíveis. À medida que o tempo passa, os vencimentos se aproximam e os recurso vão se tornando disponíveis para uso.

MÉTODO OIP E PERFIL DO INVESTIDOR

Diferente da TMP, em que a definição do perfil do investidor é o ponto de partida para a formulação da carteira, o método OIP parte dos objetivos.

Em tese, a própria construção da reserva de emergência, dos objetivos de curto e médio prazo, já sugere um posicionamento mais conservador por ser essencialmente montada em renda fixa. Seguindo essa lógica, não há como um investidor inconsequente se aventurar em posicionar toda a carteira em ações, pois o método requer, naturalmente, uma diversificação por horizonte.

O perfil se torna importante justamente na carteira de longo prazo, na qual estão os investimentos de risco. De acordo com cada investidor e seu apetite pelo risco, a composição do longo prazo pode ser feita com títulos do Tesouro Prefixado e Tesouro IPCA+, que seriam a renda fixa com risco soberano para perfis mais conservadores, até uma carteira apenas com ações. Entre esses dois extremos, estariam as alocações que contemplem um mix com os demais investimentos de longo prazo.

Tal processo de investimento permite também ao investidor tempo para se dedicar mais ao aprendizado de cada um desses investimentos específicos sem impedir que busque, se desejar, uma diversificação em diferentes classes de ativos e até mesmo use conceitos da TMP no capital de LP.

Investidores que queiram se envolver e mergulhar mais no tema poderão aprender mais sobre análise fundamentalista de ações, estudos de valuation e compreensão mais aprofundada dos FIIs disponíveis, enquanto investidores que queiram envolvimento intermediário buscarão fundos de gestão ativa que contemplem as classes de ativos que deseja ter na carteira. Já os investidores que queiram menor envolvimento podem usar fundos de gestão passiva ou ETFs, fundos de renda fixa com benchmark IMA-B ou IMA-B5+, e até mesmo fundos passivos que acompanhem o dólar ou o ouro, como instrumentos de proteção.

Seja como for, o perfil do investidor pelo método OIP já está automaticamente contemplado pela própria lógica de distribuição dos investimentos de acordo com o horizonte dos objetivos.

MÉTODO OIP E CENÁRIOS ECONÔMICOS

Não há nenhum impacto do cenário econômico para o método OIP. O estudo e a interpretação de cenários geralmente são usados na tentativa de antever potencial de rentabilidade de determinados ativos e acerto do timing das posições. Porém, uma das premissas do método OIP é a impossibilidade de previsão do futuro, o que gera outro benefício: evitar a perda de tempo com a avalanche de informações inúteis disponíveis. Evita-se também o flerte com os especialistas que nada podem prever, embora seus discursos sejam sedutores.

Eliminar as falácias dos cenários economiza tempo de vida do investidor, evita a ansiedade e mantém o foco no que interessa, que é o próprio trabalho para a geração de renda para continuar a construção do patrimônio. Minha recomendação pessoal ao investidor que deseja se dedicar um pouco mais ao mercado financeiro é a de não perder tempo com esse tipo de ladainha, mas usá-lo em leituras dos grandes clássicos de investimentos, gestão empresarial e cases empresariais interessantes, pois estas, de fato, agregarão valor e proporcionarão um aprendizado perene, daquele que vai se acumulando na bagagem cultural. Muita atenção em cenários não faz sentido, pois cada novidade muda tudo, e todas as análises são refeitas. Não passa de um jogo de palavras com efeito efêmero. E digo mais: manter-se focado nas microinformações gera ansiedade no investidor e o torna mais vulnerável à ação de oportunidades que desejam vender as pílulas da salvação (produtos financeiros de melhor retorno para as próprias instituições financeiras), os relatórios que contam tudo sobre o futuro ou promovem giro excessivo da carteira de investimentos, o que gera custos operacionais e tributários mais elevados e que podem se tornar significativos ao longo de uma vida.

Sendo repetitivo, quando a carteira começa a ser estruturada pelo método OIP, a primeira atitude é a montagem da RE. Se ela deve ser montada com investimentos seguros e com liquidez imediata, que papel o cenário econômico poderia desempenhar na escolha da RE? Absolutamente nenhum! Se a taxa de juros sobe ou cai, não importa. A RE não existe para dar rentabilidade, mas para dar proteção, então tanto faz. O cenário tem absolutamente zero impacto nessa decisão.

O que é o longo prazo que não a soma de sucessivos cenários econômicos com suas devidas alterações? Muitos se preocupam com "o que fazer com fulano de tal na presidência". Mas no longo prazo, fulano de tal ficará no passado, e teremos mais uns dez fulanos de tal na presidência com suas diferentes ideias, de maneira que o cenário de momento, para o longo prazo, será completamente diluído. Além disso, um investidor que constrói patrimônio para longo prazo continuará fazendo aportes, e o capital acumulado daqui a vinte anos será imensamente superior ao capital acumulado no cenário atual, diluindo também a parcela do capital exposta a cada um dos cenários. Sendo assim, o que o cenário econômico pode impactar em uma decisão de longo prazo? Entendo que nada. Entendo que, no caso de investimento em ações, basta manter o acompanhamento dos fundamentos das empresas e observar as tendências de longo prazo dos negócios. Na lógica da carteira pelo método OIP é a mesma coisa.

E no médio prazo? Bom, para o médio prazo, o cenário econômico pode ter influência, afinal, dentro de um investimento com prazo de três anos, o cenário econômico tende a ser o mesmo. Ocorre que, por outro lado, tentar acompanhar o cenário gera riscos de erros, e aquilo que poderia trazer uma pitada de retorno incremental pode, ao contrário, trazer uma pitada de retorno suprimido. Outro detalhe: três anos não trazem o efeito dos juros compostos de maneira significativa a ponto de ser crucial uma perfeita análise de cenário. Considero que, para aquele investidor que saiba que em dados momentos os cenários podem favorecer mais ativos pós-fixados ou prefixados, mesclar essas opções nessa parte da carteira e deixar as coisas acontecerem sem maiores complexidades pode ser uma atitude inteligente.

Em vez de tomar o tempo do investidor com acompanhamento complexo de cenários que são imprevisíveis por essência ou estudos estatísticos aprofundados, o método OIP visa a tranquilidade para a formação de patrimônio e a realização de objetivos, independente do cenário econômico. Use esse tempo para assistir à partida de futebol do seu filho, do seu neto ou do seu sobrinho.

"O cenário econômico é irrelevante para a tomada de decisão!"

A VISÃO 2D E A VISÃO 3D DE INVESTIMENTOS

À medida que o investidor incorpora o método OIP em sua tomada de decisão, ele passa a observar investimentos com uma terceira dimensão, que é justamente a profundidade dos prazos.

Na visão 2D tradicional, tudo se resume a investimentos como uma resultante das variáveis de risco e de retorno expressas em dois eixos, X e Y. Sempre desejam saber quanto um investimento rendeu e quanto de volatilidade apresentou em determinado período. Mesmo aqueles que não consideram necessariamente a volatilidade como um risco têm uma visão 2D, pois colocam os mesmos eixos X e Y, sendo que o Y expressa a rentabilidade, e o X, o tempo decorrido, e assim medem a performance da carteira. Ou seja, normalmente avaliam a rentabilidade do portfólio juntando todos os produtos em um único caldeirão e observando um gráfico evolutivo da rentabilidade no aplicativo de sua instituição financeira. Se rendeu acima do CDI, foi bom; se rendeu mais do que o IBOV em um período de alta, foi ótimo. Se rendeu menos do que o CDI, foi ruim e se rendeu menos que a poupança, foi péssimo. Se rendeu negativo, foi um desastre.

A visão em três dimensões do método OIP inclui a variável horizonte, já que a carteira é dividida em três partes: curto, médio e longo prazo. Pelo método OIP, não há o menor sentido juntar todos os investimentos em um único caldeirão e fazer uma medição total, porque os investimentos têm profundidade temporal quanto a sua maturidade, e o máximo que poderia ser feito seria colocar em 2D apenas os investimentos de curto prazo e, depois, em outro gráfico 2D, apenas os de médio prazo, e um terceiro gráfico 2D apenas para investimentos de longo prazo. Dessa maneira, seriam três camadas de investimentos expressos na visão 2D, dando a noção de profundidade.

Orientei muitos de meus alunos a separarem os investimentos de acordo com objetivos de curto, médio e longo prazo em suas planilhas, justamente para que não façam uma análise misturada da situação. A visão de profundidade é extremamente importante, pois jamais desconecta investimentos de objetivos.

Na visão 2D, uma avaliação de carteira pode levar o investidor ao desespero ao se deparar com um retorno negativo, pois a sensação que se tem é, "Minha carteira está totalmente errada, preciso melhorá-la", mas não se tem ideia de como fazer isso. E essa sensação leva o investidor ao giro excessivo, fazendo trocas de posições desnecessárias.

Já na visão 3D, pode-se observar a carteira e, mesmo com uma rentabilidade negativa, não se desesperar, pelo simples motivo de que as coisas serão analisadas em separado. O investidor observará a reserva de emergência e constatará que a segurança financeira está garantida. Observará os objetivos de consumo de curto e médio prazo e constatará que também estão ali garantidos pelas alocações adequadas. E observará o longo prazo, sabendo que ali existem oscilações e isso é perfeitamente normal. Absolutamente nenhum objetivo estará ameaçado, nenhuma insegurança existirá, simplesmente porque cada coisa está em seu devido lugar e sendo analisada corretamente.

O investidor do método OIP nem sequer precisa verificar a rentabilidade de sua carteira, pois ele usa os investimentos para aquilo que eles devem ser usados, de maneira que a rentabilidade será aquilo que ele já conhece. Sabe-se de antemão que a reserva de emergência renderá próximo a 100% do CDI. Sabe-se que os objetivos de médio prazo podem render entre 100% e 120% do CDI. E sabe-se que os de longo prazo oscilarão.

Pelo método OIP, nada surpreende; o foco deixa de ser a rentabilidade observada e passa a ser o patrimônio acumulado, que é o que garante a realização dos projetos. Assim, em vez de se medir o retorno, mede-se a aproximação dos objetivos.

O ato de investir, fora do método OIP, assemelha-se a apostas em uma corrida de cavalos. Aposta-se em algumas opções das tantas disponíveis e torce-se para que o melhor aconteça. Isso não é método de investimento, isso é torcida. No método OIP, todas as escolhas têm motivos claros e sabe-se exatamente o que esperar de cada uma delas para os prazos a que se destinam. Não se observa com desespero a rentabilidade negativa de uma carteira de ações de um ou vários meses, uma vez que ela foi planejada para objetivos de quinze ou vinte anos, e isso é claro para o investidor!

Para um investidor que realmente tenha incorporado o método OIP, a visão 3D é automática; olhar rentabilidade agregada é um delírio, e pode nunca ser necessário medi-la, porque sabe-se de antemão exatamente o que esperar. Não há surpresa. O único investidor que pode ser surpreendido no mercado financeiro é aquele que não sabe em que está investindo, nem por que, nem para quando.

A EFETIVIDADE DO MÉTODO OIP

Entrei no mercado financeiro em 2009 e, naquela época, atuava como agente autônomo de investimentos. Na época, a denominação para esse trabalho era de operador de Bolsa, pois as corretoras eram símbolo apenas de negociações de ações e não tinham plataformas abertas contendo investimentos de toda natureza. Até aquele momento, a alocação de recursos era algo trabalhado apenas pelos segmentos de Wealth Management e Family Offices, não sendo popularizados como hoje.

Por volta do ano de 2012, as plataformas começaram a aparecer no Brasil, replicando o modelo das norte-americanas Charles Schwab[3] e Fidelity,[4] e aqueles que antes atuavam como operadores começaram a se apresentar comercialmente como assessores de investimentos, e foi então que a palavra alocação começou a aparecer no varejo de investimentos.

Um pouco antes das plataformas, o escritório de assessoria ao qual eu era associado e do qual me tornei sócio posteriormente, a Valor Investimentos,[5] flertou com a possibilidade de distribuir outros tipos de investimentos que não apenas ações. Firmamos contratos com diversas gestoras de fundos para a venda de seus produtos, já entendendo que não fazia sentido atender o cliente apenas no capital de risco. Eu mesmo atendi vários clientes dessa maneira, e a venda de fundos não era simples como a feita atualmente pelas plataformas. Era preciso fazer um cadastro manual, e o investidor mandava uma TED para cada fundo em que aplicaria e isso gerava trabalho de back-office e se tornava custoso, motivo pelo qual, infelizmente, só se mostrava viável para clientes com maior patrimônio. Porém,

---

3. https://www.schwab.com/
4. https://www.fidelity.com/
5. https://www.valorinvestimentos.com.br/

pelos idos de 2010 e 2011, comecei a me aprofundar nos estudos sobre alocação de investimentos.

A XP Investimentos, que disponibilizara a primeira plataforma de investimentos do mercado brasileiro, sempre baseou sua expansão na rede de escritórios de agentes autônomos que, na prática, atuam como representantes comerciais, e, diante da nova oferta, precisou difundir maciçamente os conceitos de alocação para toda a rede de, até então, operadores de Bolsa.

Naturalmente, o modelo construído se baseava, como se baseia em grande parte das instituições, na aplicação de um formulário *suitability* (na rede bancária tradicional conhecido como API – avaliação do perfil do investidor) e posterior sugestão de carteiras de investimentos baseadas em perfil.

Desde o início de 2010, iniciei atividades educacionais de finanças pessoais e investimentos e coloquei meu site no ar naquele mesmo ano. Em 2013, iniciei com vídeos educacionais no YouTube. A vocação educacional vem de berço, já que tanto minha mãe quanto meu pai foram professores durante quase toda a vida, e ouvir sobre educação sempre foi parte do meu dia a dia. Em 1998, ainda na faculdade, fui convidado por um ex-professor a substituí-lo ocasionalmente, e em 2001, assumi a coordenação de um curso técnico em nível de pós-médio, logo após concluir meu MBA em Gestão Empresarial. Dali para a frente, sempre atuei em áreas gerenciais, ministrando treinamentos de capacitação profissional e coordenado equipes. Entre os anos de 2006 e 2009, fiz uma sociedade com um amigo em um negócio que implantava telefonia IP em pequenas e médias empresas. Conquistamos rapidamente uma boa base de clientes, e no início de 2009, vendi minha parte da sociedade. Foi quando resolvi me dedicar um pouco mais aos investimentos financeiros e, após imergir naquele aprendizado, decidi que trabalharia no segmento, e assim aconteceu. O pulo para a educação financeira foi óbvio.

No trabalho educacional online, sem qualquer tipo de planejamento de marketing de minha parte e da maneira mais despretensiosa possível, investidores foram se aproximando e acompanhando meu trabalho, e então comecei a receber inúmeros pedidos de atendimento para meu serviço de assessoria.

O volume cresceu, e a orientação da corretora era a de que focássemos o atendimento em clientes com pelo menos um determinado patamar patrimonial, mas me incomodava muito aquela demanda de investidores iniciantes ávidos por conhecimento e que desejavam ser atendidos. Foi então que tive que desenhar modelos padronizados de atendimento.

O primeiro modelo que construí foi justamente aquele que era utilizado por padrão: análise de perfil e posterior sugestão de carteira. Foi então que peguei as carteiras sugeridas pela corretora e criei, dentro de meu próprio site, formulários que, de acordo com as respostas, apresentavam carteiras sugeridas. Exatamente da mesma forma como eu mesmo falei aqui no livro quando critiquei a aplicação padronizada da TMP.

Muitos diziam que eu não deveria perder tempo com aquele público iniciante, mas eu via ali uma bela oportunidade de grandes volumes de feedback que me permitiriam aprimorar aquele modelo. Naquela época, nenhuma empresa do mercado fazia nada similar. Meu raciocínio era o seguinte: eu deveria criar o modelo de alocação padronizado, submeter os investidores ao formulário e conseguir ter muitos clientes de maneira escalável. Pronto: poderia ter infinitos clientes, e todos bem atendidos pelo modelo consagrado de alocação do prêmio Nobel. Na implantação, porém, comecei a verificar as dificuldades do modelo: simplesmente nenhum investidor se via naquelas sugestões, por todos os motivos que eu mesmo apresentei no livro. E aqueles que resolviam seguir as carteiras apresentadas eram acometidos por todos os problemas que eu também já relatei nas críticas à TMP, quando o mercado apresentava maior volatilidade.

Concluí que usar aquele modelo não seria possível, porque absolutamente ninguém o compreendia e ele era intangível, matemático e frio. Juntando coisas daqui e dali, certa vez, alguém me disse que um determinado banco, ao ser questionado por um cliente sobre como investir, havia respondido o seguinte: "Você tem pelo menos seis vezes a sua renda?" Em outro dia, fazendo buscas na internet, vi um vídeo feito pelo Conrado Navarro, do site Dinheirama,[6] no qual ele falava sobre curto e longo prazo. A ideia não estava pronta, mas as coisas começavam a se encaixar, e a percepção inicial era aquela de que a insatisfação dos investidores existia porque eles sentiam a necessidade de falar de sua vida para então receber orientação, e não simplesmente responder um formulário padrão e obter algo "enlatado". Comecei a prestar atenção em chavões do mercado do tipo "Bolsa é investimento

---

6.   https://dinheirama.com/

para longo prazo" e comecei a pensar que, se era isso mesmo, quais seriam os de curto prazo? Quais seriam os de médio prazo? E assim os insights foram surgindo.

Em estudos com amigos planejadores financeiros com certificação CFP,[7] reparei que todos montavam um plano de vida para seus clientes, planos de acumulação de recursos para aposentadoria, seguros para proteção familiar e patrimonial e uma visão muito mais macro para a alocação de recursos, ainda que a TMP permeasse boa arte da alocação financeira. Um deles, certa vez, disse o seguinte: "André, é importante sempre traçar um plano financeiro com objetivos definidos, caso contrário, o investidor não consegue visualizar sua evolução e nem o motivo de fazer aquilo." Foi então que comecei a tratar investimentos como um meio para alcançar objetivos, e não um fim em si mesmo, e, assim, tudo que se faz na vida e que requer dinheiro pode ser planejado, sendo os investimentos as ferramentas para isso. A ideia do mercado, no geral, continua sendo a de tratar investimentos como algo que deve render muito, como se somente a rentabilidade levasse ao resultado e todos tivessem um único objetivo a ser realizado em vida: ter muito dinheiro participando de uma competição de rentabilidade.

A partir dessa compreensão, tornava-se necessário ouvir aqueles investidores e compreender o que queriam para si próprios, quais eram seus anseios e as coisas que pretendiam realizar. E foi assim que os objetivos pessoais se tornaram o centro de todo o processo, e não mais a vã tentativa de adivinhar o que aconteceria nos próximos três, seis ou doze meses no mercado. A próxima etapa seria estudar os investimentos, tornando possível enquadrá-los em horizontes de maturação, o que foi feito usando a mesma pergunta que citei aqui no livro: "Investimento, em quanto tempo posso olhar seu resultado e chegar a alguma conclusão sobre você?" E assim o enquadramento foi sendo feito, e a cada novidade no mercado (novo produto), essa mesma pergunta também era feita para entender onde se enquadrava. E as características se assemelhavam, e era sempre possível fazer esse exercício e chegar a respostas claras. Assim, o modelo foi construído, mas faltava uma coisa importante: testá-lo.

Comecei a introduzir esse conceito no material educacional produzido pela internet e como método de atendimento aos investidores que pediam assessoria. A transformação foi fantástica. Centenas de investidores que, antes, se preocupavam

---

7. CFP é a sigla de Certified Financial Planner. <https://www.planejar.org.br/>.

com cenários, oscilações e que buscavam apenas "o melhor retorno possível" e viviam em uma corrida atrás do próprio rabo, sempre inseguros, perdidos e agarrando-se a todos os comentários do noticiário do dia, agora compreendiam suas escolhas, pois elas se baseavam em seus próprios objetivos. Passaram a compreender para que estavam investindo e exatamente como estava sua evolução e tinham muito mais disciplina para continuar poupando do que antes.

Ver a maioria esmagadora deles lidando melhor com o novo método foi, sem sombra de dúvida, uma grande satisfação. É bem verdade que muitos deles insistiam em fazer escolhas erradas (a meu ver). Lembro-me muito bem de casos de pessoas decidindo apenas por taxas de títulos de renda fixa (naquela época, os juros estavam elevados e era a classe de ativos mais procurada), sem qualquer reflexão sobre objetivos. Então eu dizia: "Você está sem reserva de emergência, pode ter problemas se precisar de liquidez." E não precisava ser um gênio para ver o que acontecia meses depois: investidores com dinheiro travado, precisando de liquidez e não tendo como resgatar as aplicações. E tinham que se virar tomando crédito, ou seja, uma falta completa de planejamento e reflexão.

Naquela época, ainda não existia nas plataformas a cotação para saída antecipada do título com alguma penalidade, e o investidor era obrigado a aguardar até o fim do prazo. Tive também clientes que insistiam em conversar sobre o mercado todos os dias, e eu explicava que não era esse o meu método de orientação; alguns deles, tive que "demitir", alegando que eu não tinha o serviço que eles desejavam. A maneira que eu poderia ajudar era explicando sobre aquele modelo de alocação por objetivos, que ele funcionava e que eu não mudaria minha convicção alimentando a confusão diária do mercado financeiro.

Adotar o método foi muito saudável para mim também, pois foi possível retirar a pressão da equivocada expectativa do cliente de que o trabalho do assessor é capaz de acertar potencial de retornos futuros em suas sugestões. Isso foi um divisor de águas profissional pessoal tão importante, que até hoje percebo profissionais patinando com a ideia de ter que estar certo. À medida que o método se consolidava, eu mostrava os produtos para cada objetivo e como funcionavam, deixando a escolha nas mãos do investidor, dizendo: "Você pode seguir por esse caminho, o racional é esse, ou pode ir por esse outro, cujo racional é esse outro. Não tem certo e nem errado, e não sei o que vai render mais. As possibilidades são essas, assim como seus respectivos riscos. O que faz mais sentido para você?" Grande parte dos serviços de assessoria se vende como serviço que pode proporcionar uma rentabilidade superior ao investidor. Porém, embora isso possa até ser verdade de vez em quando, não se trata disso. Não se trata de obter vitórias pontuais de rentabilidade, mas de vencer o campeonato.

Em minha visão, o trabalho do assessor deve ser explicar o que se adéqua ou não a cada caso, quais são as opções e riscos e deixar que o investidor, ciente das condições, decida. Entendo que o trabalho não é proporcionar maior rentabilidade, mas prover o esclarecimento, até porque há investidores que querem adotar a filosofia de gestão passiva e outros que preferem a gestão ativa. São convicções pessoais. E se esses investidores querem investir em ETF com baixo custo, não cabe ao assessor demovê-los dessa ideia, mas apresentar prós e contras e, dentro da decisão do investidor, explicar cada um dos ETF. Em investimentos, existem estudos muito bem embasados sobre diversos embates, como gestão passiva *versus* gestão ativa, hipótese dos mercados eficientes *versus* assimetrias, análise técnica *versus* análise fundamentalista de ações, entre diversos outros embates, de maneira que não creio que devesse ser uma pretensão do assessor ter a resposta sobre todas essas questões. Mas cabe explicar detalhadamente os pontos críticos de cada possível impacto em cada decisão com transparência.

À medida que minha unidade crescia, tive que gradativamente me afastar do atendimento direto ao investidor e cuidar mais da gestão da empresa, passando a filosofia para os novos assessores que chegavam para integrar meu time e estavam sob minha gestão e as centenas de clientes viraram milhares.

O método tinha um padrão e, ao mesmo tempo, seguia a lógica da personalização da carteira para cada indivíduo. Foi então que, em abril de 2015, publiquei[8] no meu canal do YouTube a primeira versão do método OIP. A filmagem foi péssima, totalmente caseira, e eu não sabia nem ao menos manusear a câmera que havia comprado, mas foi o que foi possível. Naquela época, também não existiam canais de finanças, que começaram a aparecer lá para 2016 e 2017 em maior abundância, e por isso não existiam referências de como fazer.

---

8.   https://youtu.be/CG1HnKT8khI

Em setembro de 2015, abri pela primeira vez as inscrições para meu curso, chamado "O Investimento Perfeito", que ensina exatamente o método apresentado neste livro, e ao longo dos anos, milhares de alunos passaram por lá. Desde então, tenho me dedicado ao tema alocação de investimentos como conteúdo prioritário. No início de 2018, fui convidado a participar da equipe de conteúdo do BTG Pactual digital e vendi minha participação na empresa de assessoria, passando a me dedicar integralmente à educação financeira.

O que posso afirmar categoricamente é que o método OIP funciona, traz tranquilidade, consciência e elimina a ansiedade proveniente do excesso de informações do mercado financeiro.

No início do ano de 2020, surgiu a crise do coronavírus, e todos aqueles que seguem o método OIP estavam confortáveis com suas posições, pois jamais precisariam resgatar os recursos que eventualmente tinham sido alocados em ações ou em classes de ativos que foram afetadas negativamente.

O método OIP é uma maneira simples, inteligente e eficiente de alocar investimentos e retira toda a confusão do dia a dia dos mercados financeiros da frente do investidor, focando aquilo que é o mais importante: alcançar objetivos e realizar sonhos.

CONCLUSÃO

A utilização do método OIP traz para todos os investidores uma maneira simples, eficiente e sem adivinhação de se posicionar no mercado financeiro de maneira personalizada e focada na realização de objetivos reais da vida real.

Ao longo de todos esses anos atuando no mercado, pude observar — não apenas pela minha própria experiência como investidor, mas também pela interação com mais de 10 mil investidores indiretamente pelo trabalho de assessoria de investimentos realizado de 2009 a 2018, pelos outros milhões que já estiveram expostos a algum tipo de conteúdo de minha autoria, seja no meu site, redes sociais ou mídias do BTG Pactual digital, pelo contato com os alunos de meu curso online ou com os alunos da disciplina de alocação de ativos do curso de pós-graduação em Finanças, Investimentos e Banking da PUCRS — que investir pode se tornar um problema até maior do que o de não ter dinheiro nenhum.

Certa vez, um conhecido atingiu R$2,5 milhões de patrimônio ainda jovem e estava a me dizer que parecia que agora sua vida financeira estava pior do que antes, porque parecia que as dúvidas eram maiores, a decisão de onde investir era um problema, e ele mesmo percebia que isso não fazia sentido.

O advento das plataformas no Brasil trouxe democratização para o investidor de varejo, e isso é extremamente louvável. Porém, apenas com uma conta aberta, um pequeno investidor se vê diante de mais de mil opções de investimentos, o que torna a tarefa problemática. A utilização de um modelo de alocação como o método OIP certamente proporciona aquilo que investimentos devem proporcionar: tranquilidade e qualidade de vida.

Se você é um profissional que auxilia investidores na tomada de decisão, teste o método e perceba como será a evolução de seus clientes e como a saudável conduta de continuarem poupando frequentemente será fomentada.

Se você é um investidor e deseja investir com consciência, de maneira organizada, com tranquilidade e focado em alcançar de seus sonhos, sem ter que monitorar cenários econômicos ou perder tempo com estatísticas mirabolantes e nem tentar adivinhar o futuro, o método OIP é para você hoje e sempre. E se você tem algum serviço de aconselhamento, incentive o profissional que te atende a conhecer o transformador método OIP de investir.

Bons investimentos!

ÍNDICE

 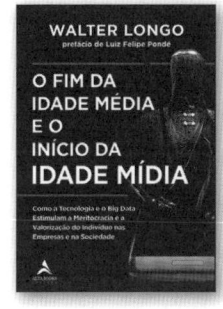